George Pennington

KLEINES HANDBUCH FÜR GLASPERLENSPIELER

lenzwald

5. Auflage 2022 im Lenzwald Verlag, Augsburg
Illustrationen von Peter Ebenhoch
Satz, Coverdesign, Fotos: G. Pennington
Autorenportrait 2014: Sandra Pennington
Herstellung: FontFront, Roßdorf. Printed in EU

ISBN 978-3-945947-06-7

My eyes wide open

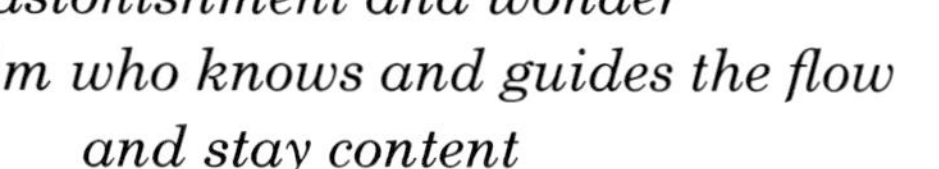

in astonishment and wonder
I bow to Him who knows and guides the flow
and stay content
to be just what I am:
a man

Inhalt

Über dieses Buch

Gegen Ende der 70er Jahre begann ich damit, vor roten und blauen Farbtafeln sitzend zu meditieren. Es handelte sich um die visuelle Meditationstechnik der „Tafeln von Chartres“. Sie hat eine sehr lange Geschichte, die bis ins europäische Mittelalter und zum Bau der großen gotischen Kathedralen zurückreicht. Französische Fahrende haben diese Tradition vor dem Vergessen bewahrt. Außer ihnen wusste bis dahin niemand, dass es in Europa eine eigenständige Meditationstechnik gibt, die den anderen traditionellen Schulen durchaus ebenbürtig ist.

Im wesentlichen besteht diese Technik darin, die Sehzentren im Gehirn systematisch mit unterschiedlichen, d.h. widersprüchlichen Informationen zu beschicken. Durch eine willentliche Veränderung der Augenstellung sehen beide Augen die drei Tafeln zwar als identische Formen, aber in unterschiedlichen Farben: Die Tafeln, die das eine Auge als rot sieht, erscheinen dem anderen als blau und umgekehrt.

Was auf den ersten Blick wie eine visuelle Spielerei aussah, erwies sich nach und nach als eine der wirksamsten Techniken zur Erweiterung und Verfeinerung des wahrnehmenden Bewusstseins. Die Meditation mit den Tafeln von Chartres machte meine Wahrnehmung zunehmend zu ihrem eigenen Objekt. Als Betrachter sah ich nicht mehr irgendwelche Bilder, sondern blickte in einen Spiegel, in dem ich vor allem mich selber vor Augen hatte.

So gewann ich Einsichten in die Funktionsweise sowohl meiner visuellen Wahrnehmung als auch meiner eigenen Psyche, die ich auf anderen Wegen nicht gefunden hatte.* Und ich erkannte auch, wie unmittelbar die beiden zusammenhängen und einander bedingen.

Nach zwei Jahren intensiver Meditation schrieb ich 1981 dieses „Kleine Handbuch für Glasperlenspieler“. Es war eine Art Liebeserklärung an die Meditation mit den Tafeln von Chartres. Und ein erster Versuch, das Wunder, das mir widerfahren war, in Worte zu fassen. (Es dauerte weitere 13 Jahre des Sitzens vor den Tafeln, bis ich mich an das Projekt wagte, ein Handbuch über diese Meditation zu schreiben.**) Wenn ich das „Kleine Handbuch“ jetzt neu veröffentliche, dann in der Zuversicht, dass es anderen Menschen den Weg zu ähnlichen Erfahrungen weisen wird.

Der Übungsteil ist denn auch der wichtigste Teil dieses Buches. Nur die eigene Erfahrung kann dem Leser die literarischen Bezüge im ersten Teil und die Symbolik des Glasperlenspiels 2 + 2 im dritten Teil verständlich machen. Ich lade den Leser daher ein, dieses Buch nicht in erster Linie als Lesestoff zu betrachten, sondern es als Übungsbuch zu nutzen und jenseits des Textes die eigene Erfahrung darin zu suchen.

George Pennington
im Juni 2017

---

* Mehr dazu in: George Pennington, Shadowrider - Field Notes of a Psychonaut, Lenzwald 2013

** George Pennington, Die Tafeln von Chartres, Patmos Verlag, 9. Aufl. 2020

Worum es geht...

Das Tao, das enthüllt werden kann, ist nicht das ewige Tao.
Der Name, der genannt werden kann, ist nicht der ewige Name.
Das Namenlose ist das Beginnen von Himmel und Erde.
Das Benannte ist die Mutter der zehntausend Dinge. [1]

Es gibt viele Dinge, über die ich mit Leichtigkeit sprechen und schreiben kann. Dinge des täglichen Lebens, Dinge, die ich weiß, die ich mit meinem rationalen Denken erfassen kann. Die Sprache, die ich gelernt habe, ist zur Benennung und Mitteilung dieser Dinge gut geeignet. Sie ist ihrem Wesen nach der Ausdruck meines Wissens und meiner Intelligenz.

Hier aber geht es nicht um Wissen oder Intelligenz. Auch Hesse's Glasperlenspiel hat damit wenig zu tun. Es geht um eine Erfahrung, die jenseits unseres Alltags, jenseits unseres Wissens liegt.

Diese Erfahrung ist »namenlos«. Es gibt keine Worte, sie zu beschreiben. Jeder, der darüber etwas sagen will, muss also auf unsere gewohnte Alltagssprache zurückgreifen. Er muss sich gewissermaßen einer Fremdsprache bedienen. Es ist, als wollte man das Erlebnis eines Sonnenuntergangs in mathematischen Symbolen ausdrücken. Das Ergebnis solcher Bemühungen sind in der Regel Bilder und Gleichnisse. »Tao« (Weg) und »Glasperlenspiel« sind typische Beispiele für solche Bilder. In ihrer Essenz weisen sie auf ein und dasselbe.

Auch ich bin beim Schreiben dieses Buches auf diese Schwierigkeit gestoßen. Über die Essenz dessen, was ich mitteilen will, kann ich nichts sagen. Es ist der geistige Urgrund der menschlichen Existenz. Nicht als Theorie, sondern als Erfahrung. Und für diese Erfahrung fehlen mir die Worte.

Also ist alles in diesem Buch Bild und Gleichnis. Alles weist hin auf eine Erfahrung, die jeder, so er will, selber machen kann. Vor allem sind es Hinweise auf einen Weg, der zu dieser Erfahrung führen kann. Auf das Glasperlenspiel.

Was ist ein Glasperlenspiel? Von Hermann Hesse, der diesen Ausdruck prägte, erfahren wir nichts über die Einzelheiten, über die erlebbaren Aspekte des Spiels. Wohl aber spricht er über das Wesen des Glasperlenspiels:

> *Ich begriff plötzlich, dass in der Sprache oder doch mindestens im Geist des Glasperlenspiels alles allbedeutend sei, dass jedes Symbol und jede Kombination von Symbolen nicht hierhin oder dorthin, nicht zu einzelnen Beispielen, Experimenten und Beweisen führe, sondern ins Zentrum, ins Geheimnis und Innerste der Welt, in das Urwissen.* [2]

Erst vor kurzem wurde mir klar, wie sehr mich diese und ähnliche Andeutungen geprägt haben. Rückblickend sehe ich meinen gesamten Werdegang dahin gerichtet, hinter das Geheimnis des Glasperlenspiels zu kommen. Es war ein seltsam verworrener und abenteuerlicher Weg, aber den Kern meiner Suche habe ich dabei nie aus den Augen verloren, wenn ich ihn auch nicht klar zu formulieren gewusst hätte. Und heute weiß ich, dass auch der Rest meines Lebens nicht ausreichen wird, die Unermesslichkeit dieses Spieles zu erschöpfen.

Da sprach die Schlange zum Weibe: Ihr werdet keineswegs des Todes sterben, sondern Gott weiß: an dem Tage, da ihr davon esset, werden eure Augen aufgetan, und ihr werdet sein wie Gott und wissen, was gut und was böse ist. [3]

Am Beginn des Spiels steht unweigerlich der Sündenfall, der Verlust der paradiesischen Unschuld, den der Genuss der verbotenen Frucht, das Wissen um Gut und Böse mit sich bringt. Solange wir nicht beginnen, Fragen zu stellen, leben wir im Stande der Unschuld, wie Kinder in einem Paradies. Wir sind Eins mit der Welt und stellen sie nicht in Frage.

Sie sind nicht brav, nicht gut, nicht edel, sie sind eigennützig, lüstern, hochmütig, zornig, gewiss, aber eigentlich und im Grunde sind sie unschuldig, unschuldig in der Weise, wie eben Kinder unschuldig sind. [4]

Kaum stellen wir die erste Frage, beginnt der Weg aus der Einheit in die Vielfalt, die Spaltung von Subjekt und Objekt. Der paradiesische Zustand ist verloren. Adam fühlt sich nackt.

Wir, wir sind die eigentlichen Sünder, wir Wissenden und Denkenden, die wir vom Baum der Erkenntnis gegessen haben… [5]

Der Weg durch die Vielfalt ist uns zur Genüge vertraut. Jede Frage bringt anstelle der erhofften Antworten immer neue Fragen. Kaum einigt man sich auf eine Antwort, wird sie schon wieder umgestoßen. Die Frage nach dem Sinn stellt sich immer wieder. Und auch hier, gerade hier, sind die Antworten unbefriedigend. Im Grunde suchen wir immer die eine Frage, auf die es nur eine Antwort - und keine neuen Fragen mehr - gibt. Es ist die Suche nach dem verlorenen Paradies.*

Das Glasperlenspiel ist bei Hesse Symbol für den Weg zum verlorenen Paradies.

> *Es bedeutete eine erlesene, symbolhafte Form des Suchens nach dem Vollkommenen, eine sublime Alchemie, ein Sichannähern an den über allen Bildern und Vielheiten in sich einigen Geist, also an Gott.* [6]

Es ist symbolischer Ausdruck für den Weg, den die Menschheit geht, für den Weg, der jedem von uns offen steht, wenn wir ihn denn beschreiten wollen. Hesse bezeichnet es als »Spiel der Spiele« und als »Weg vom Werden zum Sein, vom Möglichen zum Wirklichen«.

---

* Die Gralslegende beschreibt diese Suche in bemerkenswertem Bilderreichtum, wobei der »Heilige Gral« die mystische Wiedervereinigung mit Gott symbolisiert.

Der Ausdruck »Spiel« ist irreführend. Auch bei Hesse wird klar, dass Josef Knecht nicht nur »spielt«, etwa zu seiner Unterhaltung oder geistigen Erbauung, sondern sich im »Spiel« auf einen Weg begeben hat, den er bis zu seinem Tod nicht mehr verlässt. Es geht um mehr, als nur in einem Spiel - symbolisch - den Weg der Wiedervereinigung mit Gott (die Selbstverwirklichung, das Tao oder wie man ihn auch nennen mag) darzustellen. Es geht vielmehr darum, diesen Weg selber zu beschreiten. »Vom Werden zum Sein, vom Möglichen zum Wirklichen.« Es geht um die aktive Verwirklichung unseres menschlichen Potenzials, um aktiv betriebene Evolution.*

Die Version des Glasperlenspiels, die ich hier vorlege, ist ebenfalls mehr als ein Spiel. Gewiss, wer Unterhaltung darin sucht wird Unterhaltung finden. Auch intellektuelle Neugier oder Sensationslust lassen sich damit befriedigen. Der Eine mag sich dafür begeistern, ein Anderer darüber entrüsten. Für den aber, der sich in diesem Spiel übt, wird es zu einem Weg in dem Sinne, wie ich ihn oben dargestellt habe.

---

* Es ist in diesem Zusammenhang interessant, dass die Humanistische Psychologie ursprünglich von ihren Vertretern als »Human Potential Movement« bezeichnet wurde. Dabei geht es um nichts anderes, als um das Beschreiten dieses Weges und um die Entwicklung von Techniken, die diesem Zweck dienen.

Dieser Weg besteht aus drei Teilen: den Übungen, der Betrachtung der zehntausend Dinge und dem Glasperlenspiel. 2 + 2, das Spiel, ist eine symbolische und analoge Darstellung des Prozesses, der durch die Übungen und die Betrachtung der zehntausend Dinge möglich wird. Diese sind der eigentliche Weg.

Das zentrale Medium dieses Weges ist die Wahrnehmung. Wer die Übungen macht, wird feststellen, dass Schritt für Schritt die Wahrnehmung von ihrer Fixierung auf äußere Objekte losgelöst wird, um immer mehr selber zum Gegenstand der Wahrnehmung, d. h. ihrer selbst, zu werden. Alles Wahrgenommene, ja die Wahrnehmung selber, wird zu einem Spiegel.

Nicht auf die Rede sollen wir achten,
sondern auf den, der spricht.
Nicht auf die sichtbaren Dinge sollen wir achten,
sondern auf den, der sieht.
Nicht auf die Geräusche sollen wir achten,
sondern auf den, der hört.
Nicht auf den Verstand sollen wir achten,
sondern auf den, der denkt. [7]

Der Spiegel war im alten Ägypten zugleich Symbol für das Leben (»ankh«) und der Schlüssel zum Reich der Seelen. In der buddhistischen Tradition ist immer wieder von einem »klaren Spiegel« die Rede. Tungusischen Schamanen hilft ein Zauberspiegel, »die Welt zu sehen« und »über das, was den Menschen Not tut, nachzudenken«. [8]

Der Magier John Dee bediente sich eines Kohlekristalls in einer ähnlichen Art wie die Hexen des Mittelalters, deren Tradition, aus Spiegeln und Kristallkugeln »wahrzusagen«, auch heute noch weiterlebt. Auch unsere Sagen und Märchen sind voll von Geschichten, in denen Spiegel eine wichtige symbolische Rolle spielen. Fausts Zauberspiegel ist ein Beispiel dafür. In »Schneewittchen« verursacht die böse Königin allerlei Unheil, weil sie die Wahrheit, die sie im Spiegel sieht, nicht ertragen kann. Besser ergeht es Atreju in der »Unendlichen Geschichte«. Im Laufe seiner Abenteuer und Prüfungen kommt er an das »Zauber Spiegel Tor« und erblickt darin sein »wahres inneres Wesen«. Im Gegensatz zur bösen Königin kann er annehmen, was er da sieht und darf durch den Spiegel hindurch gehen. Jenseits des Spiegels begegnet er dann der »Stimme der Stille«, aber erst nachdem er auch noch das »Ohne Schlüssel Tor« durchschritten hat, den »Mumon-Kan« des Zen. [9]

Auch in der Geschichte von Hui-Neng, dem 6. Patriarchen des chinesischen Buddhismus, wird deutlich, welche Rolle der Spiegel auf diesem Weg spielt. Als der 5. Patriarch begann, einen Amtsnachfolger zu suchen, war Hui-Neng, ein ungebildeter Laienbruder, Handlanger in der Küche seines Klosters. Ein Mönch namens Schen-Hsiu schrieb, im Bestreben, sich für die Patriarchenwürde zu qualifizieren, folgenden Vers an eine Wand:

Der Körper gleicht dem Baum der Erleuchtung,
Das Herz ist ein klarer Spiegel.
Beständig und eifrig sollst du ihn fegen,
Dass kein Stäubchen an ihm haften bleibt.

Als Hui-Neng von diesem Vers erfuhr, bat er einen Mitbruder, auch für ihn einen Vers an die Wand zu schreiben:

Im Ursprung gibt es keinen Erleuchtungsbaum,
Und nirgends steht der klare Spiegel.
In Wahrheit ist kein Ding vorhanden,
Woran sollte Staub wohl haften? [10]

Während Schen-Hsiu noch »beständig und eifrig« an seinem Spiegel putzt, ist Hui-Neng schon Eins geworden mit sich selbst. Der Spiegel ist fort.

Das Glasperlenspiel, das ich hier vorlege, besonders aber die Übungen und die Betrachtung der zehntausend Dinge, sind ein solcher Spiegel. Es geht darum, das Bild, das der Spiegel wiedergibt, einfach zu betrachten, »sine ira et studio«, ohne den Zorn der Königin, ohne den Eifer Schen-Hsiu's.

Für Orientalen scheint es erheblich leichter zu sein als für die meisten westlichen Menschen, stundenlang in Betrachtung dazusitzen. Wenige Europäer können die äußere und innere Ruhe aufbringen, die zum Beispiel die sitzende Zen Meditation voraussetzt. Auch für mich war es immer wieder schwer, wenn nicht gar unmöglich, im Hier-und-Jetzt verankert zu bleiben, oder wenigstens wieder dahin zurück zu finden, wenn ich wieder einmal in Träumereien versunken war. Hier ist es anders. In der Betrachtung stehen uns zwei Anker zur Verfügung, ein äußerer und ein innerer.

Der äußere Anker ist ein Bild, auf dem die Augen ruhen. Sie betrachten einen Gegenstand, den es nicht gibt, und sehen ihn noch dazu an einem Ort, an dem erwiesenermaßen nichts ist, was man da sehen könnte. Die Augen ruhen also auf einer virtuellen Veranschaulichung des »Nichts«. Dadurch wird alles, was während der Betrachtung geschieht, zum »Nichts« in Bezug gesetzt.

Der, dem die erste - und in meinen Augen wichtigste - Übung (der »Weiche Blick«) in Fleisch und Blut übergegangen ist, hat zudem in den körperlichen Empfindungen, wie Atmung, Herzschlag, Empfindungen der Arme, Beine etc. einen inneren Anker, der dem äußeren entspricht. Der innere Anker gibt dem Betrachter Halt in der Bewusstheit des Körperlichen, im »Etwas«, während der Äußere ihn mit dem »Nichts« verbindet. Und im Spannungsfeld dieser beiden Anker entsteht der »klare Spiegel«, in dem der Betrachter sich und seine Welt vor Augen geführt bekommt.

Wie dankbar ich bin!
Dies Auge Saichis ist die Grenzlinie
zwischen dieser Welt und dem Land des Friedens.
Namu-amida-butsu! Namu-amida-butsu! [11]

Es fällt mir schwer, mehr darüber zu sagen. Ein Versuch erspart tausend erklärende Worte.

Ich spüre eine tiefe Dankbarkeit für alle Menschen, denen ich bisher auf meinem Weg begegnet bin. Ich kann hier nur wenige nennen, die großen Wegweiser und Meilensteine: den Küchenjungen Hui-Neng mit seinem Gedicht, Heinrich von Kleist, der mir mit seinen wenigen Seiten »Über das Marionettentheater« die Augen öffnete. Ich weiß immer noch nicht, ob er selber das sah, was er mir zeigte. Gustav Meyrink, der, ohne es jemals beim Namen zu nennen, immer wieder mit anderen Worten das Gleiche, das Eine auszudrücken verstand. Auch er war Glasperlenspieler. Carlos Castaneda, der in liebenswürdiger Einfalt - wie ich im Dunkel tappend - seinen Weg ging. Pierre Derlon, der mir in den »Gärten der Einweihung« zum ersten Mal klar machte, was ich mit meinen Augen eigentlich tat. Es sind viele, ohne die ich dieses Buch nicht schreiben konnte. Vor allem aber - und in diesem Fall stellvertretend für alle ungenannten - Hermann Hesse, durch den meine Welt zu einem »magischen Theater« wurde.

Im Wort, im Bild und in der Tat haben alle diese gesegneten Seelen, die mich auf meinem Wege begleiteten, für die unvergängliche Wirklichkeit ihrer Vision gezeugt. Ihre tägliche Welt wird eines Tages die unsere sein. Sie ist es schon heute, nur unsere Herzen sind noch zu schwach, sie in Besitz zu nehmen. [12]

Die Übungen

Neo: »Warum tun meine Augen so weh?«
Morpheus: »Weil Du sie noch nie benutzt hast.« [13]

Erfahrungsbericht eines Übenden

Er geleitete mich zu einer Stelle, wo zwei mannshohe Felszacken in etwa zwei bis drei Metern Abstand parallel nebeneinander standen. Don Juan blieb, das Gesicht nach Westen gewandt, fünf Meter vor ihnen stehen. Er zeigte mir, wohin ich mich stellen sollte und befahl mir, die Schatten der Felszacken anzusehen. Er sagte, ich solle sie beobachten und genauso mit den Augen schielen, wie ich es üblicherweise machte, wenn ich den Boden nach einem geeigneten Rastplatz absuchte. Er erläuterte seine Anweisungen: Wenn man nach einem Rastplatz suche, dann müsse man schauen, ohne den Blick auf eine bestimmte Stelle zu fixieren, doch wenn man Schatten beobachte, dann müsse man mit den Augen schielen und die Augen dennoch auf ein scharfes Bild einstellen. Es komme darauf an, durch das Schielen die beiden Schatten zu überlagern. Dadurch lasse sich ein bestimmtes, von den Schatten ausgehendes Gefühl wahrnehmen. Ich machte eine Bemerkung darüber, wie vage er sich ausdrückte, doch er behauptete, es sei wirklich nicht möglich, mit Worten zu schildern, worum es ihm ging.

Mein Versuch, die Übung auszuführen, schlug fehl. Ich strengte mich an, bis ich Kopfschmerzen bekam. Don Juan kümmerte sich nicht weiter um mein Versagen. Er kletterte auf einen kuppelförmigen Felsen und schrie mir von dort oben zu, ich solle zwei ähnlich aussehende, schmale, kleine Steine suchen. Die gewünschte Größe gab er mir mit den Händen an.

Ich fand zwei solche Stücke und reichte sie ihm. Don Juan platzierte die beiden Steine in etwa dreißig Zentimeter Abstand in Felsritzen, wies mich an, mich mit nach Westen gewandtem Gesicht über sie zu stellen, und forderte mich auf mit Hilfe ihrer Schatten dieselbe Übung noch einmal zu versuchen.

Diesmal war es etwas ganz anderes. Es gelang mir sofort, so zu schielen, dass ich die beiden Schatten als zu einem einzigen verschmolzen wahrnahm. Ich stellte fest, dass das Sehen ohne Fusionierung der Bilder dem so zustande gekommenen Schatten eine unglaubliche Tiefe und so etwas wie Transparenz verlieh. Verblüfft starrte ich hin. An der Stelle, auf die ich meinen Blick konzentrierte, war jedes kleine Loch im Fels genau zu erkennen, und der darüberliegende zusammengesetzte Schatten wirkte wie ein Film von unglaublicher Transparenz. Ich bemühte mich, nicht zu blinzeln, denn ich fürchtete, das so flüchtig zustande gekommene Bild zu verlieren. Schließlich zwang mich das Jucken meiner Augen, zu blinzeln, aber gleichwohl verlor ich die Einzelheiten nicht aus dem Blick. Ja, das Bild war sogar nun, nachdem die Hornhaut befeuchtet war, noch klarer geworden. In diesem Augenblick war mir, als sähe ich aus unermesslicher Höhe auf eine Welt hinab, die ich noch nie erblickt hatte. Auch bemerkte ich, dass ich den Blick über die Umgebung des Schattens gleiten lassen konnte, ohne den Brennpunkt meines Gesichtskreises zu verlieren. Dann war mir für einen Augenblick nicht mehr bewusst, dass ich einen Stein ansah. Mir war, als landete ich in einer Welt, die jenseits alles Vertrauten und Vorstellbaren lag. Diese ungewöhnliche Wahrnehmung hielt eine Sekunde an und dann war plötzlich alles ausgeschaltet. Automatisch schaute ich auf und sah Don Juan direkt über den Steinen stehen; er sah mich an. Sein Körper verdeckte die Sonne. [14]

Um uns mit Augen und Bewusstheit stabil im Hier und Jetzt verankern zu können, ist es notwendig, die einzelnen Elemente der Wahrnehmung bewusst zu erleben, differenzieren zu lernen und sie dem Einfluss des - entspannten - Willens zugänglich zu machen. Die folgenden Übungen sind das Mittel dazu. Die gleichzeitige Verankerung des Bewusstseins im »Etwas« und im »Nichts«, oder, wie Saichi sagt, in »dieser Welt« und im »Land des Friedens«, wird durch sie nicht nur möglich, sondern nach einiger Zeit des Übens auch selbstverständlich und spielerisch einfach.

Die hier beschriebenen Übungen sind nicht etwa ein vollständiger »Kursus«. Vollständigkeit ist bei der Fülle von möglichen Erfahrungen, die sich dem Bewusstsein auftun, gar nicht möglich. Aber sie sind bei all ihrer Einfachheit äußerst wirksam und werden den Übenden zwangsläufig zu neuen Erlebnissen und Einsichten führen. Als »Grundschule des Sehens« sind sie ein ausgezeichneter Einstieg in die Bewusstseinsarbeit und sollen im Übenden die Neugier wecken, sich noch tiefer auf den Reichtum und die Unermesslichkeit seines Bewusstseins einzulassen.

Der weiche Blick

Am Anfang unserer Verbindung hatte Don Juan mir noch eine weitere Technik geschildert. Sie bestand darin, lange Strecken zu wandern, ohne den Blick auf irgend etwas zu konzentrieren. Er hatte mir empfohlen, nichts direkt anzusehen, sondern mit den Augen leicht einwärts zu schielen, um alles, was sich dem Blick darbot, peripher im Auge zu behalten. Er hatte auch behauptet - auch wenn ich es damals nicht verstand -, dass es möglich sei, beinahe alles gleichzeitig wahrzunehmen, was in einem Winkel von 180° vor einem liegt, wenn man den Blick, ohne zu zentrieren, auf einen Punkt über dem Horizont richtet. Er hatte mir beteuert, diese Übung sei das einzige Mittel, um den inneren Dialog abzustellen. [15]

Bequemer Sitz. Helles, aber nicht allzu grelles oder kontrastreiches Licht. Der Blick ruht geradeaus auf irgendeinem Gegenstand. Die Arme werden gestreckt und parallel vor die Augen gehoben, so dass die Hände den betrachteten Gegenstand seitlich einrahmen, ohne ihn zu verdecken. Während die Blickrichtung unverändert bleibt, werden die Hände langsam auseinander geführt, halbkreisförmig, die Rechte nach rechts, die Linke nach links. Die Aufmerksamkeit löst sich von der (gleichbleibenden) Blickrichtung und folgt den Händen bis zur äußeren Grenze des Gesichtsfeldes. Alle Gegenstände, an denen die Hände auf ihrem Weg nach außen vorbeikommen, werden in die visuelle Aufmerksamkeit aufgenommen, bis das Sehen schließlich das gesamte Blickfeld umfasst. Das sind etwa 210 Grad. Der Blick wird dadurch erheblich weicher. Alles ist ziemlich deutlich, aber nichts ist mehr gestochen scharf. Der Kreis der Bewusstheit schließt sich in der akustischen Wahrnehmung, die beginnt, das weiche optische Bild zu ergänzen, sowie im Körpergefühl (Atmung, Haltung, Gleichgewicht, Temperatur, Geschmack, Geruch und alle anderen bewusst wahrnehmbaren Empfindungen des Körpers).* Das bisherige Denken weicht einer Empfindung von Präsenz: Die Wahrnehmung füllt das gesamte Hier-und-Jetzt.

---

* Brillenträger, deren Gesichtsfeld durch die Brille begrenzt ist, können die Brille in ihre Wahrnehmung einbeziehen: die Stege, die zu den Ohren führen, den Rand der Gläser, den Druck hinter den Ohren und auf der Nase etc.

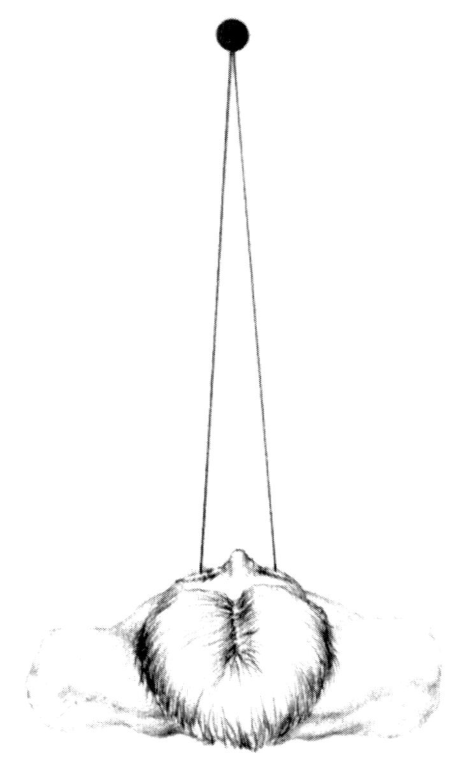

Objektfixierter Blick
(enge Aufmerksamkeit)

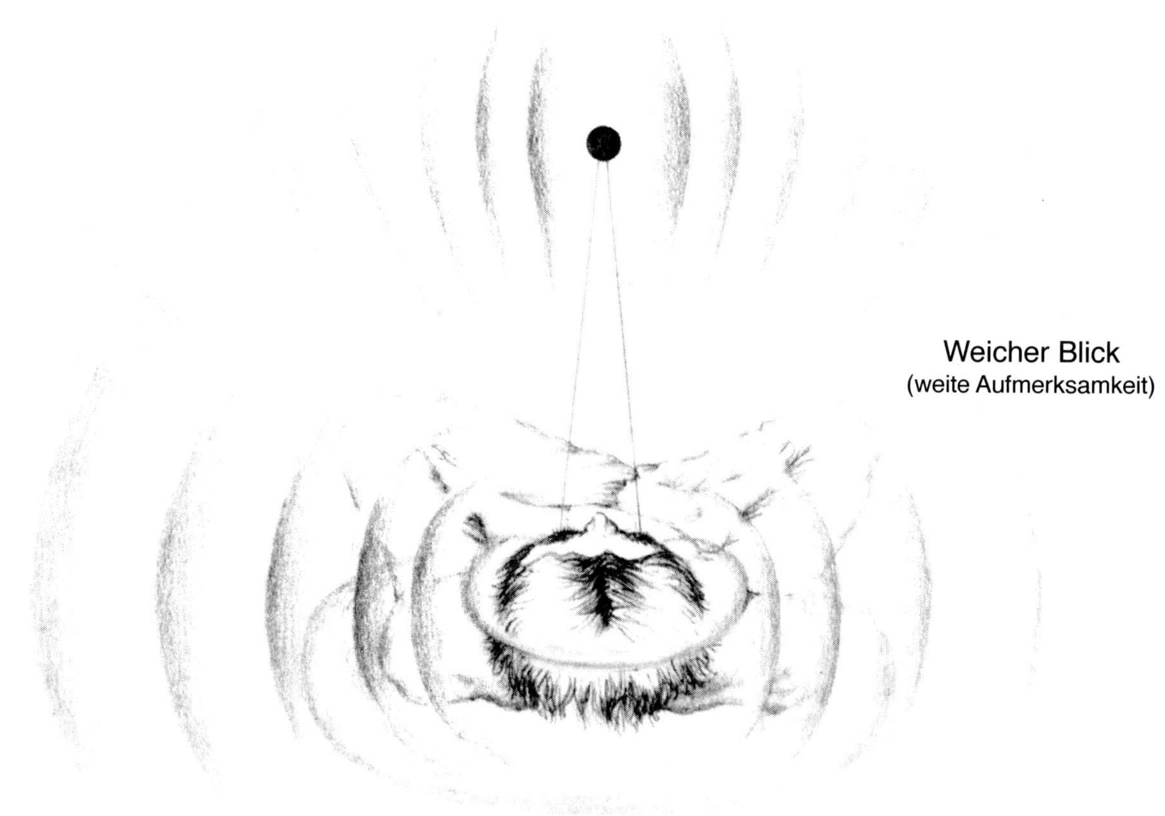

Weicher Blick
(weite Aufmerksamkeit)

Je weicher der Blick wird, je mehr sich die Aufmerksamkeit erweitert, desto ruhiger werden auch die Gedanken. Eine innere Stille macht sich breit. Ich habe die Erfahrung gemacht, je weicher meine Wahrnehmung wird, desto weniger entgeht meiner Aufmerksamkeit. Und desto weniger anstrengend ist das Schauen/Hören/Spüren.

Die Hände sind anfangs ein gutes Hilfsmittel, können aber, wenn das Prinzip einmal erfasst ist, weggelassen werden.

Diese Übung ist in meinen Augen die wichtigste und grundlegendste für jeden Glasperlenspieler. Sie ist, wie alle anderen auch, eine Entspannungsübung. Die Augen der meisten Menschen haben gelernt, sich zwanghaft an Objekten festzuhalten, ständig scharf zu sehen, den Blick auf Details zu heften. Dass die Gedanken im Kopf genau dasselbe tun, nämlich von Detail zu Detail hetzen ohne jemals zur Ruhe zu kommen oder auch nur annähernd so etwas wie einen Überblick zu bekommen, wird nur wenigen bewusst.*

Dieses zwanghafte Festklammern des Blicks und der Gedanken genauer kennen zu lernen - und aufzugeben - ist auch der Gegenstand der zweiten Übung.

---

* Die Übung des Weichen Blicks ist denn auch, wie Don Juan sagt, das einzige (und vor allem das einfachste) Mittel, um das quälende Gedankenkarussell anzuhalten, an dem so viele Menschen heute leiden. Es verankert den Geist im Hier-und-Jetzt.

Nirgends hinschauen - alles sehen

Er bewahrte eine ruhige Losgelöstheit gegenüber den Leuten und ihrem Treiben und machte doch den Eindruck, sich allen gegenwärtigen, vergangenen und zukünftigen Geschehens völlig bewusst zu sein. [16]

Ein Finger wird in aufrecht vor die Augen gehoben, auf Armeslänge. Der Blick ruht auf dem Finger. Nach einer Weile wird der Finger - ziemlich rasch - seitlich weggekippt. Der Blick soll dabei genau auf den Punkt im Raum gerichtet bleiben, an dem der Finger eben noch war. Anfangs ist es schwer, den Blick so zu belassen. Er hat nichts mehr, woran er sich festhalten kann und wird unweigerlich dem Finger folgen wollen oder auf das nächstbeste Detail scharf stellen, nämlich auf den Gegenstand, der sich als nächster in der Verlängerung der Blickrichtung befindet. Die Schärfeneinstellung der Augen wird auf die nächste Entfernung springen wollen, die ihr ein scharfes Bild bietet. Erst nach wiederholtem Üben mit dem Finger wird es gelingen, den Blick auf »Nichts« gerichtet zu lassen. Das geht nur, wenn es ohne jeden Zwang und ohne Krampf geschieht. Kopfweh, Übelkeit und ähnliche Symptome sind Anzeichen für verkrampftes Schauen. Erst wenn der Blick - ganz weich - im »Nichts« zur Ruhe kommt, nicht mehr dem Zwang unterliegt, nach dem Nächstbesten greifen zu müssen, und der Kreis der Wahrnehmung sich im Hören und im Spüren geschlossen hat, stellt sich eine klare und entspannte Ruhe ein, die nicht nur den Augen, sondern auch dem Geist gut tut.

Ähnlich wie bei der vorhergehenden Übung wird alles wahrgenommen, aber nichts ist besonders wichtig d.h. nichts ist im Vordergrund der Wahrnehmung. So ist es möglich, auch inmitten der größten Aufregung die innere Ruhe und den Überblick zu bewahren, die eigene »Mitte« nicht zu verlieren.

Diese ersten zwei Übungen sind nicht an irgendeinen Ort oder eine bestimmte Zeit gebunden. Sie sind für jede Situation des Alltags gleichermaßen geeignet. Im Laufe der Zeit wird offenbar, dass es sich nicht um eine Augengymnastik, sondern um geistige Übung handelt. Wenn dieser Punkt klar und zu einer bewussten Erfahrung geworden ist, wenn die Augen und der Geist gelernt haben, ihre zwanghafte Fixierung auf die Dinge loszulassen und sich jederzeit bewusst zu entspannen, ist ein großer Schritt getan. Die nächsten Übungen verfeinern diese Fähigkeit noch weiter.

Die doppelten Daumen

Wenn du mit deinem Geiste an deinem Geiste arbeitest,
wie kannst du da eine ungeheure Verwirrung vermeiden? [17]

Die zwei Daumen werden aufrecht vor das Gesicht gehalten. Der eine auf Armeslänge, der andere etwa halb so weit. Sie bilden mit der Nasenspitze zusammen eine Linie. Wieder handelt es sich um die Trennung der bewussten Aufmerksamkeit vom Blick selber. Zuerst richtet sich der Blick auf den Daumen, der weiter entfernt ist und fasst ihn scharf ins Auge. Während der Blick auf ihn gerichtet bleibt, löst sich die Aufmerksamkeit von der Blickrichtung und erfasst das gesamte Umfeld, besonders auch den Daumen, der den Augen näher ist. Dieser wird doppelt erscheinen, d.h. da er ziemlich weit vor dem anderen - scharf gesehenen - liegt, wird das Bild des rechten Auges getrennt von dem Bild des linken Auges gesehen. Durch abwechselndes Schließen der Augen lässt sich leicht feststellen, ob ein Unterschied in der Sehschärfe der beiden Augen besteht.

Das Doppelbild wird nie ganz gestochen scharf zu sehen sein. Wer ein dominantes Auge hat, wird unter Umständen eine Weile brauchen, bis er das Bild des anderen Auges (bzw. Daumens) überhaupt sehen kann. Da unsere räumliche Wahrnehmung unmittelbar von der Fähigkeit abhängt, die Bilder beider Augen gleichzeitig wahrzunehmen und im Gehirn zusammenzufügen, ist diese Übung besonders wichtig für diejenigen, die in dieser Hinsicht Schwierigkeiten haben.

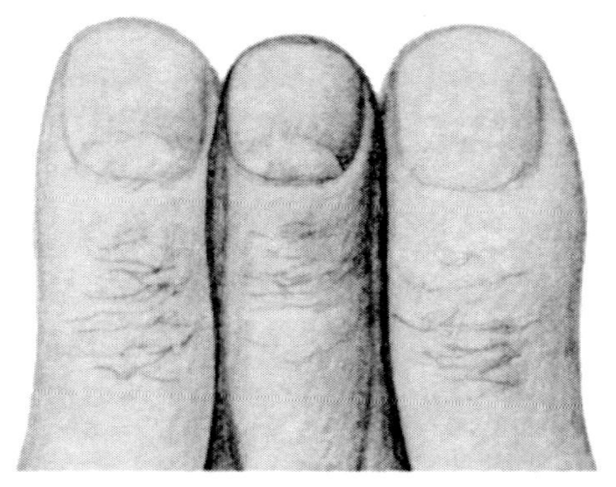

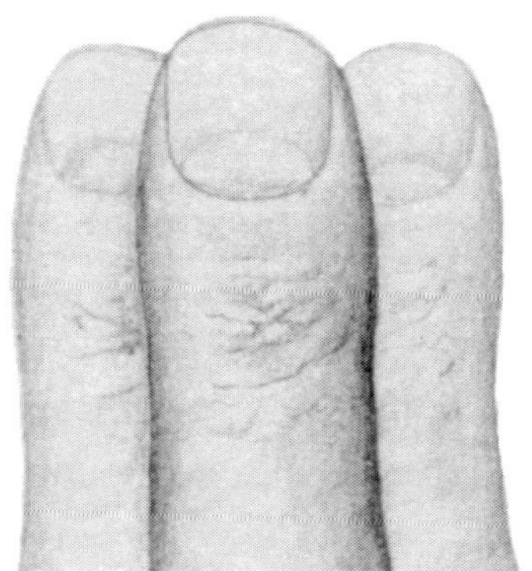

Der nächste Schritt ist die Verlagerung des Blicks auf den näher liegenden Daumen. Dadurch wird das Bild des weiter entfernt liegenden verdoppelt. Durch das abwechselnde Hin- und Herschauen, von einem Daumen zum anderen, bei gleichbleibend entspannter Aufmerksamkeit, lernen die Augen, Dinge zu sehen, die wohl in der Blickrichtung, aber nicht im Brennpunkt liegen, d.h. etwas klar wahrzunehmen ohne den Blick daran festzumachen. Es wird deutlich, dass bei diesen Übungen die visuelle Wahrnehmung und nicht der Daumen der eigentliche Gegenstand der Betrachtung ist.

Der eine doppelte Daumen

»Meine Vorliebe ist das SEHEN«, sagte er.
»Was meinst du damit?«
»Ich möchte SEHEN«, sagte er, »weil ein Wissender nur durch das SEHEN etwas wissen kann.« [18]

Jetzt wird nur ein Daumen benötigt, der weiter entfernte. Der Blick ruht auf ihm und gibt ein einfaches und scharfes Bild. Wird jetzt der Blick näher an die Augen gezogen, etwa dorthin, wo vorher der zweite Daumen war, so verdoppelt sich das Bild wieder wie zuvor. Die Schwierigkeit ist, dass der Daumen, der den Augen vorher als Krücke gedient hat, nicht mehr da ist und der Blick jetzt im leeren Raum ruht (wie in der zweiten Übung). Der Blick ist auf »Nichts« gerichtet, während die Aufmerksamkeit entspannt das doppelte Bild des Daumens wahrnimmt. Die Augen dürfen anfangs ruhig nervös hin und herspringen. Das Auge braucht Zeit, um sich an diese Form des losgelösten Sehens zu gewöhnen. Wenn Ermüdungserscheinungen auftreten, ist es ratsam, eine Pause zu machen und es später, oder am nächsten Tag, wieder zu versuchen. Es kommt nicht darauf an, die Augen durch Zwang zu dressieren. Es ist vielmehr so, als würden im Gehirn Weichen und Nebengeleise gelegt, dort wo zuvor die Schienen nur geradeaus liefen. Das braucht seine Zeit. Das völlig ermüdungsfreie Gefühl, das das entspannte Sehen mit sich bringt, ist unverkennbar.

Mit der Zeit wird es möglich, den Blick ohne jede Anstrengung weich vom Daumen abzuziehen, in den leeren Raum zwischen Daumen und Nase zu »schielen«. Es ist interessant, dass in unserer Kultur die »Scharfeinstellung im Nahbereich«, sofern sie auf einen konkreten Gegenstand gerichtet ist (z.B. etwas Kleingedrucktes), als eine wünschenswerte Fähigkeit gilt, während die selbe Augenstellung, wenn ein konkreter Gegenstand der Betrachtung fehlt, als unnatürlich, als schlechte Gewohnheit und in jedem Fall als korrekturbedürftig gilt. Schielen (d.h. an einen Ort zu schauen, an dem nichts ist) ist bei uns tabu. Dieses Tabu wird von vielen, die diese Übungen zum ersten Mal machen, deutlich erlebt und kann anfangs sehr hinderlich sein.

Der Blick wandert also vom Daumen in die Naheinstellung (in der »Nichts« zu sehen ist) und wieder zurück. Die Übergänge werden immer fließender. Die Entfernung des Daumens von den Augen kann nach Belieben verändert werden. Ein anderes Doppelbild ergibt sich, wenn der Blick über den Daumen hinaus in eine Ferneinstellung geht (in der womöglich wiederum »Nichts« zu sehen ist). Die Unterscheidung der zwei unterschiedlichen Doppelbilder kann anfangs auch manche Schwierigkeit bereiten, aber in dem Maße, in dem die Augen sich ihrer eigenen Tätigkeit bewusster werden, wird auch die Unterscheidung zwischen den unterschiedlichen Doppelbildern deutlicher. Die Übergänge werden flüssiger, die Übung wird zum entspannten Spiel.

Übung für das schwächere (nicht dominante) Auge

»Ich sehe niemand auf der Straße«, sagt Alice.
»Ich wollte, ich hätte solche Augen«, sagte der König verdrießlich.
»Niemand sehen können! Und auf eine solche Entfernung! Ich kann bei dieser Beleuchtung selbst Leute, die es gibt, bloß mit Mühe erkennen.« [19]

Wieder brauchen wir nur einen Daumen. Es braucht nicht unbedingt ein Daumen zu sein. Ein Bleistift, eine Kerze, jeder beliebige Gegenstand, der gerade vorhanden ist, lässt sich verwenden. Für diese Übung ist es am besten, wenn er möglichst kontrastreiche und scharfe Konturen hat.

Zunächst muss die Entfernung gefunden werden, bei der sich die Augen am wenigsten anstrengen müssen, um gut lesen zu können.

Der Daumen wird in der ermittelten Entfernung aufrecht vor die Augen gehalten. Der Blick liegt zunächst auf dem Daumen, so dass ein einfaches, scharfes Bild zu sehen ist.

Die Augen werden abwechselnd geschlossen oder abgedeckt, die Bilder verglichen. Ist eines schärfer als das andere? Welches? Ist es möglich, falls ein Unterschied sichtbar wird, das unschärfere Bild »nachzustellen«, d.h. die Fokussierung des schwächeren Auges gesondert der Entfernung des Objektes anzupassen?

Wenn die Augen in ein leichtes Schielen übergehen, so dass sich das Bild verdoppelt, bleiben beide Bilder gleichermaßen scharf? Oder »rutscht« das schwächere (trägere) Auge wieder in die Unschärfe? Wenn das geschieht und eines der Bilder undeutlicher wird als das andere, dann gilt es - ohne die Augenstellung zu verändern - die visuelle Aufmerksamkeit auf das schwächere Bild zu lenken und zu versuchen, dieses Auge, gesondert von dem anderen, ebenfalls offenen Auge, nachzustellen (ohne das Doppelbild zu verlieren).

Dies ist anfangs zweifellos eine der schwersten Übungen, besonders wenn die Augen - wie bei mir - sehr unterschiedliche Temperamente aufweisen. Aber es ist auch eine der lohnendsten, wenn es gelingt, die Kontrolle über die einzelnen Augenmuskeln zu gewinnen. Diese Übung sollte keinesfalls spät abends gemacht werden, wenn die Augen müde sind. Und auch hier hilft - paradoxerweise - Entspannung, die nötige Muskelbewegung um die Augen herum bewusst zu erleben und die Kontrolle über sie zu gewinnen.

Wenn es bei leichtem Schielen geklappt hat: dieselbe Übung in der Ferneinstellung.

Je weiter der Blick sich vom Objekt entfernt, d.h. je weiter die beiden Teile des Doppelbildes auseinander liegen, desto schwieriger wird die Übung. Es genügt aber schon, wenn es bei geringer Abweichung gelingt. Schließlich geht es hier nicht darum, einen möglichst hohen Schwierigkeitsgrad zu »schaffen«, sondern darum, das eigene Sehen bewusst zu erleben und in seinen subtileren Aspekten kennen zu lernen. Es genügt, wenn der entsprechende Muskel sich einige Male bewusst in Aktion erlebt hat. Die Fähigkeit geht dann nicht wieder verloren.

Die vier Daumen

Kein Mittelpunkt, auf den hingeschaut werde, ist mehr gegeben. [20]

Zwei Daumen werden in 30-40 cm Entfernung (Leseabstand) aufrecht ins Blickfeld gehalten, diesmal nebeneinander in einem Abstand von etwa 5-10 cm. Beide Daumen sollten gleichmäßig beleuchtet sein. Die Augen gehen in die Naheinstellung (»Nichts«), so dass die Daumen sich verdoppeln und vier Daumen sichtbar werden. Die vier Daumen erscheinen räumlich voneinander getrennt und durchsichtig, da jeder von ihnen nur mit einem Auge wahrgenommen wird, während das andere an dieser Stelle freies Blickfeld hat.

Die Aufgabe besteht darin, jeden der vier Daumen mit dem Blick abzutasten, ohne das Bild der vier Daumen verrutschen zu lassen. Das ist ohne weiteres möglich, sofern dabei die Augen locker bleiben. Je entspannter der Blick die Konturen abtastet, desto klarer und deutlicher sind die Umrisse und Details jedes einzelnen Daumens zu sehen. Das dominante Auge wird keine großen Schwierigkeiten bereiten. Das schwächere hingegen wird erst dann ein deutliches Bild geben, wenn die chronischen Verspannungen der Augenmuskulatur bewusst werden und sich zu lösen beginnen. Das kann, je nach Übungsfrequenz und dem Zustand der Augen, einige Minuten oder einige Wochen dauern. Auch diese Übung sollte oft und kurz (spielerisch) gemacht werden. Keinesfalls mehr als drei bis fünf Minuten am Anfang. Nicht nur die Augen ermüden und wehren sich gegen Überanstrengung mit Verkrampfung, auch das Gehirn, das der eigentliche Gegenstand der Übung ist, braucht Zeit, um sich auf die ungewohnte Betrachtungsweise einzustellen. Im Laufe der Zeit wird es einfach, alle vier Daumen klar ins Bild zu bekommen. Die folgenden Übungen bauen auf dieser Fähigkeit auf.

Der mittlere Daumen

Unser normales waches Bewusstsein, das rationale Bewusstsein, wie wir es nennen, ist nur ein besonderer Typ von Bewusstsein, während überall jenseits seiner, von ihm durch den dünnsten Schleier getrennt, mögliche Bewusstseinsformen liegen, die ganz andersartig sind. [21]

Die Daumen sind in derselben Stellung wie in der letzten Übung: senkrecht und parallel, auf Leseabstand oder ein wenig weiter, und ca. 5 cm voneinander entfernt. Wir haben die Augen in der Naheinstellung, die uns ein Bild von vier durchsichtigen Daumen liefert. Wieder sind sie fokussiert auf »Nichts«.

Jetzt wird der Winkel der Augen zueinander derart verschoben, dass die inneren zwei von den vier Daumen sich immer mehr überlappen, bis sie schließlich völlig zur Deckung kommen. Wenn sie nicht ganz parallel oder gleichmäßig beleuchtet waren, sollte das jetzt korrigiert werden. Der mittlere Daumen, der dadurch entsteht, ist ein zusammengesetztes Bild: Das rechte Auge sieht den linken Daumen, das linke den rechten. Beide Bilder zusammen ergeben ein Bild von einem Daumen, den es gar nicht gibt, und zwar an einer Stelle, von der wir wissen, dass dort in Wirklichkeit »Nichts« ist. Das Bild dieses mittleren Daumens wird, bei einiger Übung, sehr klar, fast überdeutlich. Ein kleiner schwarzer Punkt, ins Zentrum der beiden Daumennägel gezeichnet, erleichtert es, die Daumen entspannt zur Deckung zu bringen. Rechts und links von dem mittleren Daumen sind nach wie vor die zwei äußeren zu sehen. Sie sind erheblich undeutlicher und durchsichtig wie zuvor. Nur der mittlere Daumen erweckt den Anschein, »real« zu sein.

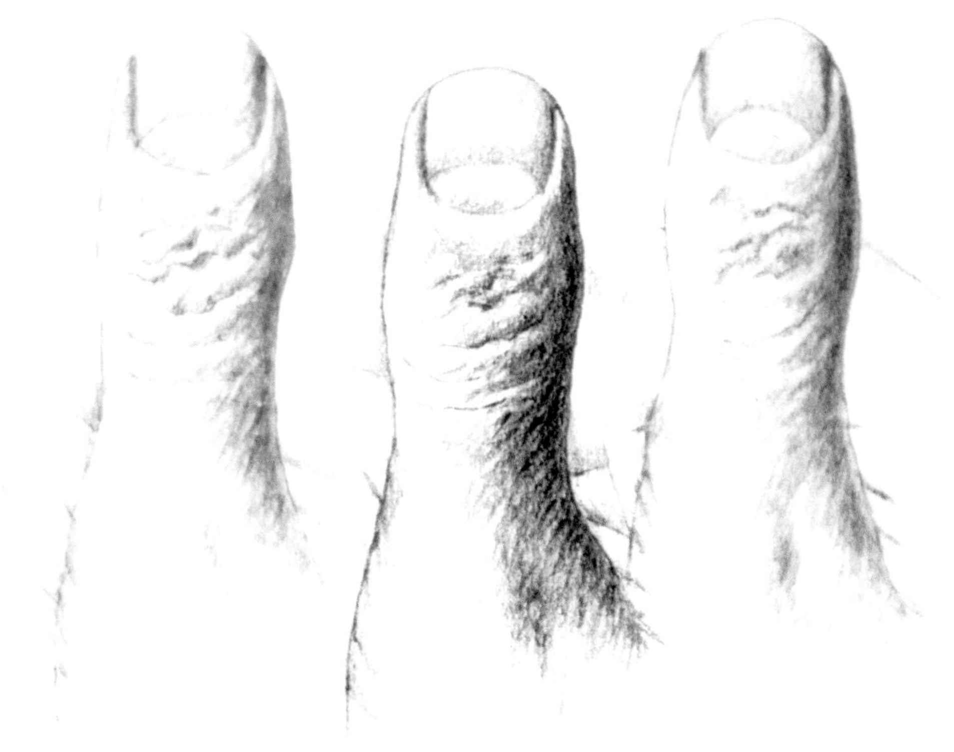

Nichts ist reicher als Edelsteine und Gold, nichts ist feiner als Diamant, nichts ist edler als das Blut von Königen, nichts ist im Kriege heilig, nichts ist höher als der Himmel, nichts ist tiefer als die Hölle oder glorreicher als die Tugend. [22]

Dem Gehirn fällt auch hier wieder die schwerste Aufgabe zu: Es empfängt ein Bild von »Etwas« von einer Stelle, an der »Nichts« ist. Der Daumen, den es so wahrnimmt, existiert in der ihm gewohnten Wirklichkeit überhaupt nicht, zumal er, gewissermaßen hermaphroditisch, zur Hälfte aus einem rechten Daumen und zur anderen aus einem linken besteht. Statt Daumen, die den Vorteil haben, immer zur Hand zu sein, aber auch den Nachteil, oft recht unterschiedlich auszusehen, so dass es schwer ist, sie vollständig zur Deckung zu bringen, können natürlich auch zwei Bleistifte, Münzen, Briefmarken und ähnliche Dinge verwendet werden.

Großer Daumen - Kleiner Daumen

Meine Zeichnung Nr. 1. So sah sie aus:

Ich habe den großen Leuten mein Meisterwerk gezeigt und sie gefragt, ob ihnen meine Zeichnung nicht Angst mache.
Sie haben mir geantwortet: »Warum sollen wir vor einem Hut Angst haben?«

Meine Zeichnung stellte aber keinen Hut dar. Sie stellte eine Riesenschlange dar, die einen Elefanten verdaut. Ich habe dann das Innere der Boa gezeichnet, um es den großen Leuten deutlich zu machen. Sie brauchen ja immer Erklärungen.
Hier ist meine Zeichnung Nr. 2: [23]

Mit der letzten Übung haben wir uns auf eine - für unsere gewohnten Begriffe - irreale Ebene begeben. In dieser Übung wird deutlich, dass auf dieser Ebene ganz andere Gesetze gelten, als in unserer »realen« Welt. Dort finden wir es ganz natürlich, dass ein Gegenstand größer erscheint, je näher er sich befindet. Das ist »logisch«, wissenschaftlich nachprüfbar.

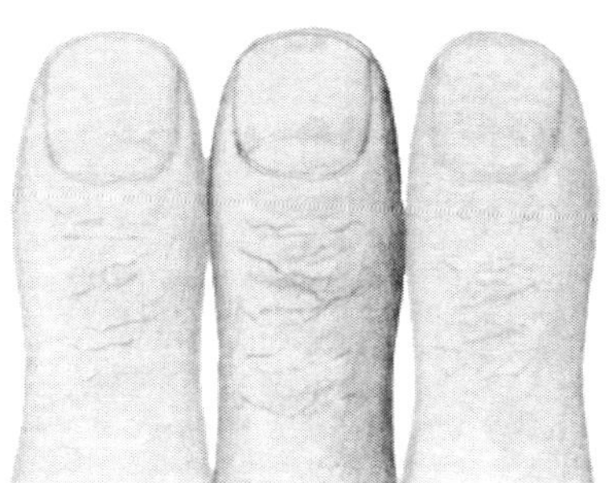

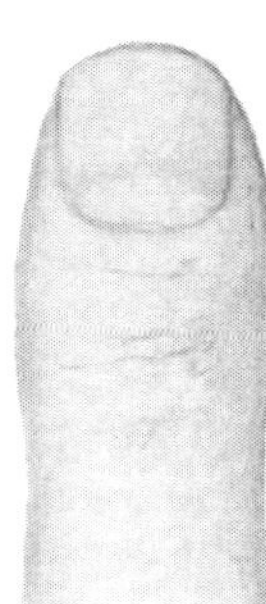

In unserer neu gewonnenen, »irrealen« bzw. »transrealen« Welt ist das nicht so. Im Gegenteil: Je näher ein Objekt kommt, desto kleiner wird es.

Wenn es gelungen ist, das Bild des mittleren Daumens ohne jede Anstrengung entspannt im Blick zu halten, werden die Daumen (bzw. die Hände) ganz langsam auseinander (rechtes Bild) und wieder zusammen bewegt (linkes Bild).

Anfangs wird sich das Bild immer wieder in seine Bestandteile auflösen wollen, einerseits weil es immer noch schwierig ist, im »Nichts« »Etwas« zu sehen, und andererseits weil die Augen erst lernen müssen, der Bewegung locker - und in gegenläufige Richtungen - zu folgen (das rechte Auge nach links, das linke nach rechts). Aber nach einer Weile wird es wie von selber und ohne jede Anstrengung gelingen: Der Blick bleibt, auch in der Bewegung, locker auf dem Bild ruhen. Etwas Merkwürdiges geschieht: Das Bild des mittleren Daumens scheint sich im Raum zu bewegen, scheint näher zu kommen, wenn die Hände auseinander geführt werden, weiter weg zu schweben, wenn sie sich einander nähern. Und (!) je näher der mittlere Daumen kommt, desto kleiner wird er.*

Auch diese Übung sollte - besonders am Anfang - sparsam verwendet werden. Je besser die Augen in den vorangegangenen Übungen gelernt haben, bei den verschiedenen Arten zu schauen entspannt zu bleiben, desto leichter wird es sein, den mittleren Daumen bei der Bewegung ohne jede Anstrengung im Bild zu behalten. Dazu ist es wichtig, die Übungen nicht nur stur nachzumachen, sondern sie auch - aus eigener Erfahrung - zu verstehen. Die neuen Geleise im Gehirn müssen von jedem, Schiene für Schiene, selbst gelegt werden, bevor sie befahrbar werden.

---

* wie der Scheinriese in „Jim Knopf und Lukas der Lokomotivführer“ von Michael Ende (Thienemann Verlag)

Roter Kreis - Blauer Kreis

Den Dreh zu finden hat mich mein ganzes Leben gekostet.
Irgendwie war es immer ein hin-und-her-springen
über die Grenzlinie des Verstandes. [24]

Nachdem es gelungen ist, zwei gleichartige Objekte zur Deckung zu bringen, beginnen wir hier, dasselbe mit verschiedenartigen zu tun. In jedem Geschäft, das Büroartikel verkauft, findet man »Markierungspunkte«, in verschiedenen Größen und Farben (auch weiße zum selber einfärben), rund und selbstklebend. Sie sind für diese Übung vorzüglich geeignet.

Ein roter und ein blauer Punkt werden in einem Abstand von etwa 2-5 cm nebeneinander auf ein Blatt weißes Papier geklebt. (Wenn der blaue Punkt zu dunkel sein sollte, kann er mit Kreide etwas aufgehellt werden.) Für den Leseabstand ist die umseitige Illustration ideal. Ebenso ist es möglich, zwei größere Kreise aus farbigem Karton auszuschneiden und sie aus entsprechend größerer Entfernung zu betrachten.

Das Bild der zwei verschiedenfarbigen Kreise wird durch Nahstellung der Augen verdoppelt und (wenn nötig unter Zuhilfenahme eines Fingers) der innere rote mit dem inneren blauen Kreis zur Deckung gebracht. Das kann einige Zeit dauern und das Bild wird anfangs immer wieder in seine Bestandteile zerfallen, bevor in der Mitte ein klar definierter blau/roter Kreis zustande kommt. Es ist die Unruhe der Augen und des Geistes, die dabei sichtbar wird. Es ist wichtig, sich nicht gegen dieses Zerfallen bzw. Hin- und Herhüpfen des Bildes zu wehren, sondern es einfach geschehen zu lassen, und es nach einer Weile wieder zu versuchen. Es wird schließlich, wie von selber, in der Mitte ein zweifarbiger Kreis entstehen. Die fünfte Übung (für das schwächere, nicht dominante, Auge) wird es erleichtern, die Konturen der beiden Kreise - mit jedem Auge gesondert - scharf zu stellen.

Wenn der mittlere blau/rote Kreis ohne Mühe längere Zeit weich betrachtet und mit dem Blick abgetastet werden kann, wird sich auch eine geistige Ruhe eingestellt haben, die der Entspannung der Augen voll und ganz entspricht. Hier wird wieder deutlich, wie das Denken und die geistige Verfassung mit der Verwendung der Augen zusammenhängt. Jetzt gilt es, diesen Zusammenhang von der anderen Seite her zu untersuchen: Nicht nur ist das Denken vom Sehen abhängig, auch das Sehen wird vom Denken unmittelbar beeinflusst. Diese Erfahrung für jeden nachvollziehbar zu machen, ist der Gegenstand dieser Übung. Es genügt zu denken: »Jetzt sehe ich den mittleren Kreis ROT« und das Auge, das den roten Kreis sieht, wird dominant, so dass der blaue Anteil des Bildes der roten Farbe weicht. Beim Umschalten auf den Gedanken: »Jetzt sehe ich ihn BLAU«, weicht das rote Bild dem blauen, d.h. das andere Auge wird dominant. Es fühlt sich an, wie ein ganz subtiles »Weichenstellen« im Gehirn, das schon nach kurzer Zeit keinerlei Schwierigkeiten mehr bereitet. Wir können regelrecht beschließen, was wir sehen wollen: blau mit dem einen Auge dominant, rot mit dem anderen, oder blau/rot, wenn wir die »Mitte«, den Ruhepunkt finden.

Diese Übung ist nicht nur ein unterhaltendes und aufschlussreiches Spiel, aus dem sich viel über den Zusammenhang von Sehen und Denken lernen lässt. Sie bringt auch die Gehirnhemisphären ins Gleichgewicht und ist somit ein vorzüglicher Einstieg in die Meditation. Es bereitet keine Schwierigkeiten, sich im blau/roten Bild auf einen visuellen und geistigen Ruhepol einzupendeln, und, mit der weichen Aufmerksamkeit aussen und innen verankert, eine »innere Mitte« zu finden und dort zu verweilen.*

---

* Vgl. die Betrachtung der 10 000 Dinge (S. 64) bzw. die Meditation mit den Tafeln von Chartres.

Räumlich sehen lernen -
für die, die es noch nicht können

Ist die Welt ein Traum?
Ist sie wesenhaft? Sag'!
Weder wesenhaft,
noch ein Traum, dass ich wüsste:
ein Etwas, ein Nichts in einem. [25]

Es ist mir aufgefallen, dass viele Linkshänder, die auf Rechts umgeschult wurden, Schwierigkeiten haben, die Bilder ihrer beiden Augen im Gehirn zu einem einzigen - räumlichen - Bild zusammenzufügen. Es ist, als sei im Gehirn eine Mauer aufgerichtet, die nicht nur die Hände, sondern auch die Bilder voneinander trennt. Gesehen wird dann immer mit dem dominanten Auge, während das Bild des anderen Auges unbewusst, quasi hinter der Mauer, bleibt. Das bedeutet auch, dass der mittlere Daumen oder Kreis, wenn überhaupt, einfarbig und nicht im Raum schwebend gesehen wird, sondern auf der gleichen Ebene wie die äußeren.

Bei der Übung »Roter Kreis/Blauer Kreis« wird in diesem Fall eine klare Vorliebe für das eine oder andere Bild deutlich werden. Die folgende Übung ist - gerade für geschädigte Linkshänder - ein weiterer Schritt zur räumlichen Wahrnehmung. Der Anfang der Übung ist wie bei »Roter Kreis/Blauer Kreis«. Der mittlere Kreis wird flach zwischen den anderen beiden gesehen, und meist nur in einer Farbe. Der Zugang zur anderen Farbe kann durch wiederholtes kurzes Abdecken des dominanten Auges gewonnen werden. Wichtig ist, dass alle drei Kreise und beide Farben gesehen werden, wenn auch nicht räumlich.

Jetzt wird ein Finger nahe vor die Nase gehalten, wo er - mit der weichen Aufmerksamkeit - doppelt zu sehen sein wird. Der Blick ruht nach wie vor auf dem mittleren Kreis. Der Finger wird - langsam - in Richtung des Kreises von der Nase wegbewegt und sein doppeltes Bild mit der Aufmerksamkeit verfolgt. (Wenn ein Finger zu kontrastarm ist, kann auch eine Kerzenflamme verwendet werden.) Die beiden Bilder des Fingers (bzw. der Flamme) werden sich, bei zunehmender Entfernung von der Nase, einander immer mehr annähern, bis sie schließlich - irgendwo im Raum zwischen Nase und Papier - zu einem werden. Das ist der

Punkt, an dem für Normalsichtige der mittlere Kreis zu schweben scheint. An ihm sind sowohl der mittlere Kreis, als auch die verwendete Sehhilfe (Finger, Flamme) konturenscharf als einfaches Bild zu sehen. Wenn die räumliche Wahrnehmung sich nicht einstellen will, kann das Abdecken der beiden äußeren Kreise helfen.

Eine lohnende Übung, die, je nach dem Grad der Schwierigkeit, viel Entspannung, innere Bewusstheit und Geduld erfordert.*

* Fehlsichtigen Menschen empfehle ich, mit meinem Buch „Vom Schielen und Schauen“ (2. Auflage, Lenzwald 2017) zu arbeiten.

Der gekrümmte Raum

Ich bin, wahrhaftig, ein glücklicher Mensch!
Ich suche, sooft ich mag, das Reine Land auf:
bin dort und bin hier,
bin dort und bin hier,
dort und hier.
Namu-amida-butsu! Namu-amida-butsu! [26]

Der mittlere Kreis scheint hoch über dem Papier zu schweben. Er ist auch etwas kleiner als die zwei äußeren. Sein Schwebezustand wird besonders deutlich, wenn man versucht ihn mit dem Finger zu berühren. Die Schwebehöhe lässt sich auf diese Weise genau ermitteln. Der ungewöhnliche Charakter des schwebenden blau/roten Kreises wird noch deutlicher, wenn die beiden äußeren Kreise - in »Schwebehöhe« - mit den Händen abgedeckt werden.

Wenn die schon beschriebenen Übungen wiederholt und erfolgreich durchgeführt wurden, ist es den Augen ein Leichtes, ganz entspannt und ohne jede Anstrengung das Bild des mittleren Kreises zu halten. Das lässt sich leicht überprüfen, indem man die Augen für einen Moment schließt. Wenn beim Öffnen der Augen das Bild immer noch scharf im Raum schwebt, sind Augen und Geist entspannt. Dieser Entspannungs- bzw. Ruhezustand lässt sich - ich schulde dieses Bild Dr. William H. Bates [27] - mit dem eines Vogels vergleichen, der, ohne sich im Geringsten anzustrengen oder zu ermüden, sich schlafend mit einem Bein auf einem Ast aufrecht hält, der sich im Winde bewegt.

Wenn dieser Zustand erreicht ist, wird es möglich, die Augen von dem schwebenden Kreis wegwandern zu lassen, ohne das gestochen scharfe Bild des Kreises zu verlieren. Die Entfernungseinstellung der Augen bleibt dabei genau dieselbe wie zuvor. Ob dies wirklich der Fall ist, lässt sich dadurch überprüfen, dass der Blick immer wieder zum schwebenden Kreis zurückkehrt. Wenn er immer noch scharf und einfach zu sehen ist und die Farben einander nach wie vor vollständig decken, also nicht »nachgestellt« werden muss, dann sind die Augen entspannt geblieben. Die Wanderung des Blickes kann immer weitere Kreise im leeren Raum ziehen. Da die An- und Entspannung der Augen von der geistigen Anspannung abhängig ist, sollte gerade diese Übung, in der die Augen keinerlei greifbaren Anhaltspunkt mehr haben, ohne jeden Leistungsdruck und spielerisch gemacht werden.

Die Ebene, auf der der blau/rote Punkt schwebt, wird beginnen, Gestalt anzunehmen. Die Augen werden ihr folgen wie einer Glasscheibe. Es ist eine gewölbte Ebene: Der leere Raum, in dem die Augen spazieren gehen, scheint sich auf allen Seiten zum Betrachter hin zu wölben, scheint auf der Ebene des schwebenden Kreises »dichter« zu sein als anderswo. Es ist ein merkwürdiges Gefühl, dem »Nichts« eine sichtbar/unsichtbare Gestalt zu geben.

Aber Vorsicht: Jede noch so geringe Begeisterung oder Faszination, die dabei auftritt, jede Form geistiger Erregung, wird das Bild zerstören, wird die Augen in eine andere Einstellung rutschen lassen.

> *Es erfordert ein Verhalten, wie es im Leben nur unter ganz bestimmten seltenen Bedingungen sich einstellt: einen Zustand äußerster Teilnahmslosigkeit des Geistes und der Seele an den Erlebnissen des Auges.* [28]

Hinweis

Wer über die hier beschriebenen Übungen hinausgehen und sich in die Betrachtung der 10 000 Dinge versenken will, sei an dieser Stelle noch einmal auf mein Buch über die Meditation mit den »Tafeln von Chartres« hingewiesen. [29] Es handelt sich dabei um eine von französischen Fahrenden überlieferte Meditationstechnik, einen visuellen Einweihungsweg, bei dem die hier geübte Art der Betrachtung eine zentrale Rolle spielt. Zur Meditation werden zwei Reihen farbiger Tafeln schielend fusioniert, was sehr schnell zu veränderten Bewusstseinszuständen führt. Form, Farben und Anordnung der Tafeln hängen eng mit der gotischen Architektur sowie mit der Gralslegende zusammen.

Den ersten Hinweis auf diese Form der Meditation verdanke ich Pierre Derlon, der von den Fahrenden selber in diese und andere bis dahin geheime Traditionen eingeweiht wurde und von ihnen die Erlaubnis erhielt, sie zu veröffentlichen. [30]

Interessant und typisch ist auch bei Derlon, dass er nichts darüber aussagt, worin denn nun die eigentliche Meditation besteht, bzw. was man sieht, wenn man die Tafeln betrachtet. Die gesamte Literatur ist gefüllt mit Hinweisen, dass es da etwas zu sehen gibt, ohne, dass jemals gesagt würde, was. Hier ist ein besonders schönes Beispiel dafür:

(Ich) holte mit großer Begier den Kohlekrystall hervor und hielt eine seiner dunkelspiegelnden Flächen gegen den Schein des Gestirnes. Die Reflexe gingen davon bläulich, schier schwarzviolett aus, und längere Zeit vermochte ich außer dieser Beobachtung nichts weiter darauf zu entdecken. Aber zugleich wuchs eine wunderbare, körperhaft spürbare Ruhe in mir empor und der schwarze Krystall in meiner Hand hörte auf zu beben, denn meine Finger wurden fest und sicher wie alles an mir.

Da fing das Mondlicht auf dem Kohlenspiegel an zu irisieren; es hoben sich milchig opalene Wolkenschleier darauf und glätteten sich wieder. Endlich trat lichtscharf eine bilderartige Kontur aus der Spiegelfläche hervor, zuerst ganz winzig klein, als wie das Spiel von Gnomen in klarem Mondschein, gleichsam durch ein Guckloch belauscht. Bald aber schienen die Bilder zu wachsen in die Breite wie in die Ferne, und das Geschaute wurde - raumlos, aber dennoch so leibhaftig, als sei ich selbst mitten darunter gewesen. Und ich sah - - - (Brandfleck)[31]

Es ist gleichgültig, ob der Betrachter einen »Kohlekrystall«, eine Glaskugel, die Tafeln von Chartres oder papierene Kreise verwendet. Wesentlich ist nur die Art der Betrachtung.

Die Betrachtung der 10 000 Dinge

Wer mit Hilfe der Übungen eine Weile ernsthaft an sich gearbeitet und die eigene visuelle Wahrnehmung studiert hat, wird bemerken, dass sie den Zugang zu einer ganzen Fülle von ungewöhnlichen, schönen - und gelegentlich auch beunruhigenden - Erfahrungen erschließen.

Ich spüre, wie ich mit mir im Widerstreit liege: Die Versuchung ist groß, viele Worte zu machen über das Wie und Was. Ich möchte gerne angehenden Glasperlenspielern erklären, worin das Eigentliche, die Praxis des Spiels besteht. Ich möchte ihnen Hilfestellungen auf den Weg mitgeben, sie auf die Fußangeln hinweisen, in denen man sich, besonders am Anfang, so leicht verfängt, zusätzliche Übungen anführen, aus meinen Erfahrungen und denen anderer Spieler berichten. Ich werde nichts dergleichen tun.

Das eigentliche Glasperlenspiel entwickelt sich - für jeden auf seine Art und zu seiner Zeit - im Laufe des Übens. Es wächst aus der Betrachtung der 10 000 Dinge.

Schneide zwei Kreise aus farbigem Karton, den einen rot, den anderen blau.* Lege sie auf den Boden oder klebe sie an die Wand. Setz Dich davor, bringe sie zur Deckung - und schau!

---

* Die Farbkreise auf Seite 54 sind für den Leseabstand gut geeignet.

Was auch immer du siehst -
schau es dir an, aber bleib nicht dabei stehen.
Es ist nur eines der 10 000 Dinge.
Was auch immer du fühlst -
fühle es, aber bleib nicht dabei stehen.
Es ist nur eines der 10 000 Dinge.
Was auch immer du denkst -
denke es, aber bleib nicht dabei stehen.
Es ist nur eines der 10 000 Dinge.

Denn nur wo die Dualität waltet, sieht einer den anderen, riecht einer des anderen Duft, schmeckt einer den anderen, spricht einer zum anderen, lauscht einer dem anderen, berührt einer den anderen und erkennt einer den anderen.

Aber im Ozean des Geistes ist der Betrachter alleine
im Angesicht seiner eigenen Unermesslichkeit. [32]

2 + 2

Ein Glasperlenspiel für Anfänger

Was wir Mathematik nennen, ist eine willkürliche - und als allgemeingültig vereinbarte - Ansammlung von Spielregeln für eine ganz bestimmte, sehr begrenzte, Kommunikationsebene. Was hier folgt ist eine Erweiterung dieser Spielregeln, eine Erweiterung unserer Kommunikation auf andere Ebenen. Wer an unseren gewohnten Spielregeln festhalten will hat völlig recht, wenn er meint, das Spiel sei Unsinn. Aber das Leben hält sich nicht an irgendwelche Spielregeln - es sei denn an diese!

Schau dir einmal die Formel an, die bis heute deine Welt regiert:

$$2+2=4$$

Wenn du dich auf dieses Spiel einlässt, wirst du diese Formel nie wieder so sehen können, wie du sie heute noch siehst. Für den Glasperlenspieler ist sie lediglich eine unter unendlich vielen möglichen Ideen.

Zelebrieren wir noch ein letztes Mal die so wohlvertraute Rechnung, die dieser Formel zugrunde liegt:

Wenn ich zwei Äpfel in meiner linken Hand habe und zwei Äpfel in meiner rechten Hand, wie viele Apfel habe ich dann insgesamt?

Dieses Ritual hat bis heute deine Welt regiert. Verabschieden wir uns von ihm.
Wir gehen weiter.

Sieh' Dir diese zwei Äpfel an:

Mach dein linkes Auge zu.
Wie viele Äpfel siehst du mit dem rechten Auge?

Jetzt mache das linke Auge wieder auf und schließe das rechte.
Wie viele Äpfel siehst du mit dem linken Auge?

Beide Male zwei? Gut! Jetzt zählen wir wieder zwei und zwei zusammen.

Öffne beide Augen.
Wie viele Apfel siehst du?

Du kannst es ruhig auch laut formulieren, wie wir es in der Schule gelernt haben:

Ich sehe zwei Äpfel mit meinem linken Auge und zwei mit dem rechten.
Wie viele Apfel sehe ich insgesamt?

Wenn du immer noch nicht mehr als zwei Äpfel sehen kannst, ist es dir gelungen, mit den einfachsten Mitteln eine neue Ebene der Realität zu erreichen, auf der gilt:

$$2 + 2 = 2$$

Der Umstand, der diese Ebene wesentlich von der abstrakt-mathematischen unterscheidet, ist die Einführung einer lebendigen Dimension: Wir schauen.

Diese neue Ebene steht nicht im Widerspruch zur bisherigen. Sie ergänzt sie.
Auch hier gilt, unter anderem, 2 + 2 = 4, wie wir leicht überprüfen können:

Halte den Zeigefinger ziemlich nahe an der Nase in die Höhe, ungefähr bei einem Fünftel der Entfernung von deiner Nasenspitze zu den Äpfeln auf der gegenüberliegenden Seite. Achte darauf, dass er die Äpfel nicht verdeckt. Mit beiden Augen betrachtet, ergibt der Finger ein einfaches, scharfes Bild. Jetzt mach das linke Auge zu und schau mit dem rechten auf die Fingerspitze. Löse deine Aufmerksamkeit von der Blickrichtung (weiterhin die Fingerspitze!) und richte sie auf die etwas unscharfen Äpfel im Hintergrund.

Du siehst zwei Äpfel, und zwar etwas rechts vom Finger. Ja?

Jetzt mach das rechte Auge zu und schau mit dem linken auf die Fingerspitze. Wieder siehst du zwei Äpfel, diesmal etwas links vom Finger.

Mach abwechselnd das eine und das andere Auge zu und lass die Äpfel eine Weile hin und her springen. Schau, dass dabei der Blick nach wie vor auf dem Finger ruhen bleibt. (Später, wenn du den Dreh einmal heraus hast, kannst du den Finger auch weglassen.)

Es ist wichtig, dass es dir gelingt, die Bilder des rechten und linken Auges getrennt zu sehen. Mathematiker auf der ganzen Welt werden ruhiger schlafen, wenn du es schaffst.

Hier sind noch zwei Äpfel zum Üben.

Jetzt kommt das Wichtigste: Öffne beide Augen gleichzeitig und lass dabei den Blick immer noch auf den Finger gerichtet! Richte deine Aufmerksamkeit (nicht den Blick!) auf die Äpfel im Hintergrund. Natürlich sind sie ziemlich weit hinter dem Fixationspunkt (Finger) und daher etwas verschwommen. Aber das macht nichts. Wie viele sind es?

Zwei rechts vom Finger, zwei links: Der Nachweis ist erbracht.
Auch auf dieser Ebene gilt:

$$2+2=4$$

Vorsicht jetzt! Das ist beim ersten Mal nicht ganz leicht: Jetzt geht es darum, die zwei mittleren der vier Äpfel zur Deckung zu bringen. Du wirst lernen müssen, den Fixationspunkt deiner Augen frei im Raum zu verschieben. Bis es soweit ist, kannst du auch die Fingerspitze zur Hilfe nehmen.

Halte die Fingerspitze zwischen Äpfel und Nase, etwas unterhalb der Äpfel, damit sie die Äpfel nicht verdeckt. Schau mit beiden Augen auf die Fingerspitze und verändere ihre Entfernung zur Nase (bzw. zu den Äpfeln) so lange, bis im Hintergrund nur noch drei Äpfel zu sehen, das heißt, die beiden inneren Äpfel zur Deckung gebracht sind.

Lass die Äpfel ruhig noch ein wenig herumwandern, bis der mittlere ganz deutlich und klar wird. Du kannst dann den Finger wegnehmen und den Blick entspannt auf dem mittleren Apfel ruhen lassen.

Strenge deine Augen NICHT an dabei! Es kann nur gelingen, wenn du sie entspannst.

Und jetzt zähle nach, wie viele Äpfel es diesmal sind. Das Ergebnis findest du auf der nächsten Seite.

$$2+2=3$$

Jetzt sind es drei Äpfel. Außerdem wirst du bemerken, dass der Mittlere nicht nur etwas kleiner ist als die beiden anderen, sondern auch mitten in der Luft zu schweben scheint, ungefähr dort, wo beim Üben die Fingerspitze war. Er ist zwar etwas kleiner, aber deutlicher als die beiden anderen.

Ein fürchterliches Paradoxon beginnt dich zu bedrängen: Den Apfel, der am deutlichsten zu sehen ist, gibt es gar nicht. Er ist unberührbar, wie aus einer anderen Welt. Du kannst deinen Finger in die unmittelbare Nähe des Ortes heben, an dem der Apfel zu schweben scheint, aber berühren kannst du ihn nicht.

Schau eine Weile hin. Wenn du die richtige Entfernung gefunden hast und die Augen auf dem mittleren Apfel zur Ruhe gekommen sind, werden die zwei äußeren in deiner Wahrnehmung immer mehr verblassen - und du wirst verstehen, warum es auf dieser Realitätsebene auch ganz stimmig ist, zu sagen:

$$2 + 2 = 1$$

Statt der Äpfel nehmen wir jetzt Quadrate, die auf der Spitze stehen. Schau sie dir an und gehe noch einmal die Schritte, die wir bisher gegangen sind: von 2 + 2 = 2 zu 2 + 2 = 4 und weiter bis zu 2 + 2 = 3/1.

Du siehst: Es geht nicht nur mit Äpfeln.

Verlagere jetzt den Fixationspunkt, d. h. den Ort, an dem sich die Sehachsen des rechten und des linken Auges kreuzen, etwas näher zu den Figuren, weiter von den Augen weg.
So entsteht eine neue Version von 2 + 2 = 4, die etwa so aussieht:

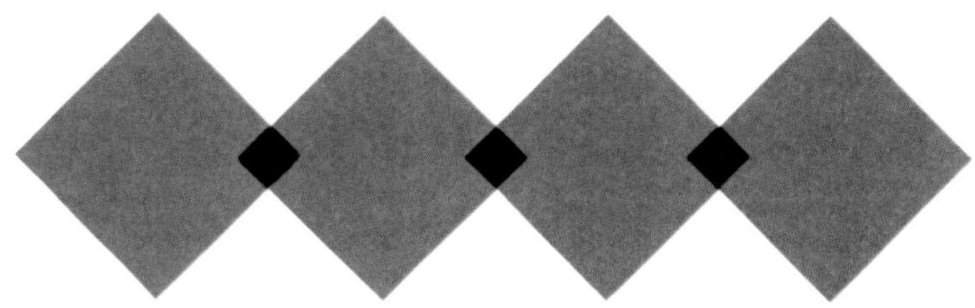

Erlaube den Augen, sich an diese neue Art zu sehen, an die neue Einstellung »zwischendrin«, zu gewöhnen, an dem neuen Ort Ruhe zu finden.
Wenn du sie anstrengst, kann dir schwindlig werden und die Augen beginnen weh zu tun.
Mach' es entspannt!

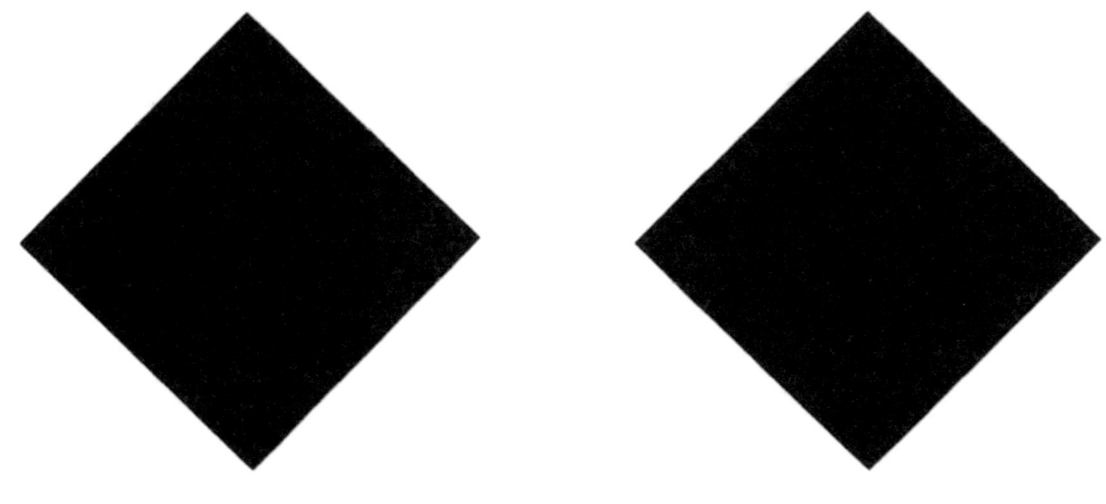

Wenn das Bild klar geworden ist, mit den richtigen Abständen und Überlappungen: Schau, wie viele Quadrate insgesamt zu sehen sind. Du wirst die vier großen sehen und zusätzlich drei kleinere Quadrate, die durch die Überlappungen entstehen. Sie haben eine tiefe Schwärze, die sie von den etwas blasseren großen Quadraten unterscheidet.

Du kannst ihre Größe verändern, je nachdem, ob du stärker oder weniger stark schielst. Aber egal, wie du schaust, in diesem Bereich wirst du immer die drei zusätzlichen kleinen Quadrate sehen, die sich aus einer anderen Wirklichkeit eingeschlichen zu haben scheinen, einer Wirklichkeit, in der die Erlasse des Eichamtes nicht viel gelten:

$$2+2=7$$

Vergiss nicht, dass wir immer noch zwei Bilder mit dem linken Auge wahrnehmen und zwei Bilder mit dem rechten. Die Basis dieses Glasperlenspiels ist nach wie vor

$$2+2$$

Geben wir jetzt den Quadraten verschiedene Farben. Das linke soll rot sein, das rechte blau:

Wiederhole jetzt noch einmal den Prozess, der 2 + 2 = 7 ergeben hat und beobachte die Farben. (Farben sind nur eine andere Ebene der Realität).

Wir sind von zwei Farben ausgegangen: blau und rot.
Wir sehen zwei Farben mit dem linken Auge, zwei mit dem rechten.

Jetzt haben wir fünf Farben:

2 Quadrate sind transparent blau
2 Quadrate sind transparent rot
1 kleines Quadrat ist intensiv blau
1 kleines Quadrat ist intensiv rot
1 kleines Quadrat ist blau/rot

Auf diese Art kommen wir zu einem neuen Ergebnis, nämlich:

$$2+2=5$$

Wir können noch auf andere Weisen zu 2 + 2 = 5 kommen. Zum Beispiel können wir zwei Quadrate der gleichen Farbe übereinander anordnen:

Beachte, dass wir damit das Konzept des Negativen einführen, nämlich das negative Quadrat, oder »Nicht-Quadrat«, das in der Mitte der vier schwarzen Quadrate entsteht und sich zu ihnen ähnlich verhält, wie das Elektron zum Positron oder Anti-Materie zu Materie.
Die Polarität ist geboren.

Ordnen wir die Quadrate anders an, um 45° verdreht.

Wenn du sie verdoppelst, bilden sie ein Zick-Zack-Muster: eins oben, eins unten, eins oben, eins unten. Beachte die negativen Quadrate. Je nachdem, wie du beschließt sie zu sehen, erhältst du verschiedene Ergebnisse.
Entweder du siehst vier Quadrate und vier negative Quadrate, die zusammen

$$2+2=8$$ ergeben.

Oder du definierst als negative Quadrate nur solche, die auf mindestens drei Seiten klar eingeschlossen und abgegrenzt sind. Dann ergeben 4 Quadrate + 2 negative Quadrate:

$$2+2=6$$

Du kannst dich auch damit unterhalten, die negativen Quadrate gegen die positiven zu kürzen. Das ergibt bei den 8 Quadraten: 2 + 2 = (4 - 4) = 0, also:

$$2+2=0$$

Und bei den 6 Quadraten kommst du wieder auf:

$$2+2=2$$

Du siehst, je nachdem auf welche Spielregeln wir uns einigen, gibt es die verschiedensten - und überraschendsten - Ergebnisse, die im Rahmen der gewählten Spielregel auch nicht weniger stimmig sind als unser altbekanntes

$$2+2=4$$

Wenn wir schon dabei sind: Schau dir noch einmal unsere bisherige »Wahrheit« genauer an. Lass dir Zeit, diese vertraute Formel neu auf dich wirken zu lassen:

$$2+2=4$$

Merkst du einen Unterschied?

Wenn du die verschiedenen Zahlen betrachtest, wirst du auch bemerken, dass jede für sich absolut ist und eine ihr ganz eigene dynamische Qualität hat. 2 + 2 = 8 z.B. hat eine völlig andere Dynamik als 2 + 2 = 3. Die 7 und die 5 hingegen sind einander recht ähnlich. Mit Worten lassen sich diese subtilen Qualitäten schwer fassen, aber als Gegenstand einer meditativen Betrachtung sind sie unerschöpflich.

Hast du es schon mit 5 Äpfeln versucht?

Mit Quadraten ist es zunächst leichter. Aber der gedachte negative Apfel ist auf dieser Ebene genauso real wie das negative Quadrat.

So sieht es dann aus:

Spätestens jetzt beginnt dir klar zu werden, dass dieses Spiel keine Grenzen hat.

Stimmt!

Der Einfachheit halber spielen wir, statt wie bisher mit Äpfeln und Quadraten, mit gedachten Glasperlen weiter.

Ordnen wir zwei Glasperlen übereinander an.

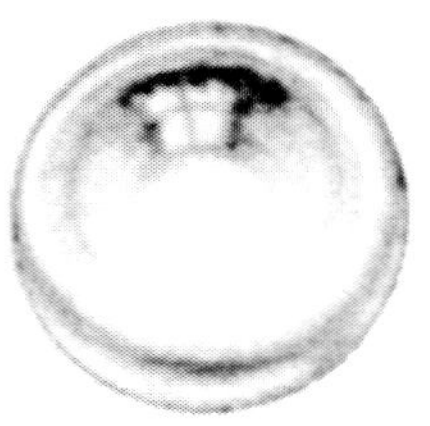

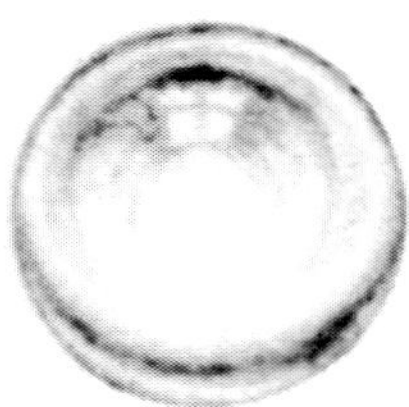

Wir hören jetzt auf, uns auf das zweidimensionale Papier zu beschränken und beziehen das gesamte Universum in das Spiel ein.

Verdopple die beiden Perlen. (2 + 2 = 4)
Nimm die Polarität dazu und postuliere in ihrer Mitte eine negative Glasperle.

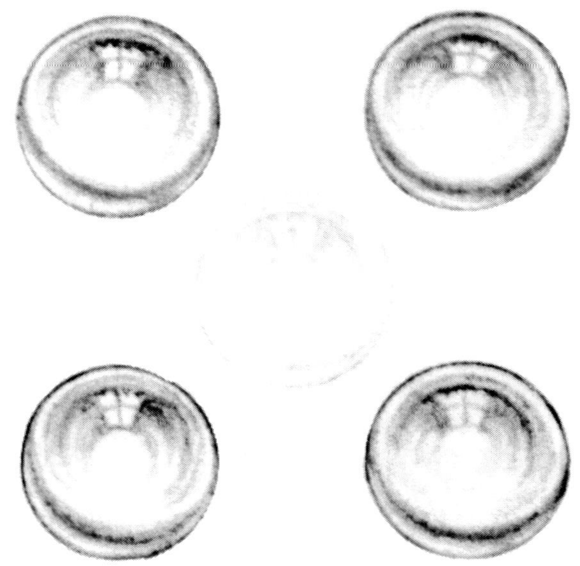

Wenn du dein Blickfeld erweiterst, wirst du feststellen, dass am Rande der Figur vier weitere Plätze für negative Glasperlen angedeutet sind. Diese Plätze sind nicht so klar begrenzt und definiert wie der in der Mitte. Du kannst daraus folgern, dass die vier negativen Glasperlen an diesen Plätzen weniger klar beziehungsweise etwas kleiner sein werden.

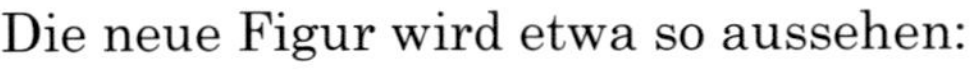

Die neue Figur wird etwa so aussehen:

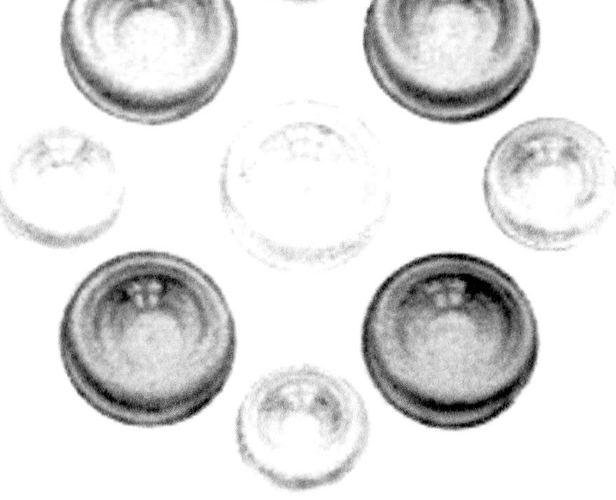

Du kannst das ansehen als

$$2+2=9$$

oder auch als

$$2+2=-1$$

wenn du die positiven gegen die negativen Glasperlen kürzt.

Du kannst aber auch das räumliche Sehen einführen. Mach es mit deinem inneren Auge, mit deiner Imagination.

Ausgehend von den vier Glasperlen auf der vorhergehenden Seite und ihren fünf negativen Trabanten, stell dir jetzt vor, dass die äußeren vier (negativen) Glasperlen aufgrund ihrer weniger klar definierten, umgrenzten Lage nicht nur weniger klar sind, sondern auch weiter entfernt liegen.

Jetzt wird das Bild räumlich, dreidimensional. Die vier positiven Glasperlen liegen auf einer Ebene, die vier äußeren auf einer anderen, weiter entfernt. Die mittlere Glasperle kannst du dir vorstellen wo du willst: entweder ganz vorne oder etwas hinter den vier positiven, ganz, wie es dir am besten gefallt.

Es ist nicht schwer, sich dieses dreidimensionale Bild vor dem inneren Auge vorzustellen. Natürlich siehst du (im Moment) nur eine Seite der gesamten Figur. Wenn du aber deine Vorstellung noch etwas dehnst, gewissermaßen um den Rand der Figur herum, kannst du sehen, wie sie dahinter weitergeht…

Sie wird aus so vielen positiven und negativen Glasperlen bestehen, wie du in Deiner Vorstellung erschaffen willst.

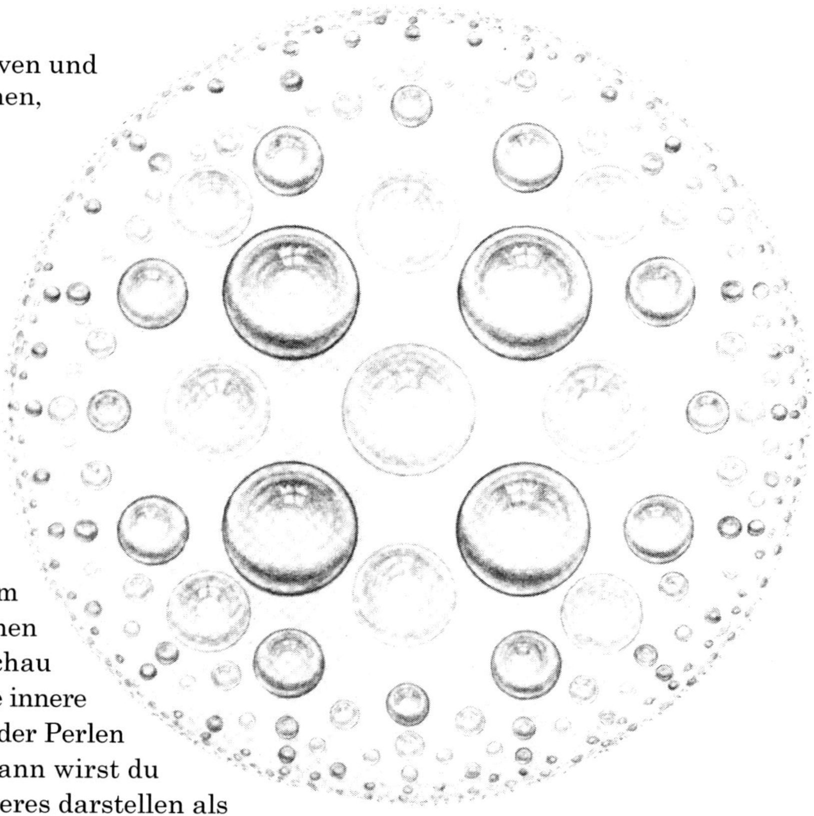

Stell dir auch vor, wie diese Perlen-Konstruktion in ihrem Inneren aussieht. Geh zwischen den Perlen spazieren und schau sie dir genau an. Wenn du die innere Struktur und die Beziehung der Perlen zueinander sehen kannst, dann wirst du erkennen, dass sie nichts anderes darstellen als ein Kristallgitter, einen der Grundbausteine der Schöpfung und des Lebens.

Bis hierher habe ich dich in diesem Spiel begleitet. Jetzt muss ich den weiteren Verlauf deines Spiels dir überlassen. Worte können das Unendliche nicht fassen. Der Geist kann es erleben. Auch dein Geist. Jedermanns Geist. Nur sind wir uns dessen nicht bewusst. Wir beschränken uns in der Regel auf die Schulweisheit 2 + 2 = 4. Und wir vergessen, dass das nicht alles ist.

»...So findet sich auch, wenn die Erkenntnis gleichsam durch ein Unendliches gegangen ist, die Grazie wieder ein; so, dass sie, zur gleichen Zeit, in demjenigen menschlichen Körperbau am reinsten erscheint, der entweder gar keins oder ein unendliches Bewusstsein hat, d. h. in dem Gliedermann, oder in dem Gott.«

»Mithin,« sagte ich ein wenig zerstreut, »müssten wir wieder vom Baum der Erkenntnis essen, um in den Stand der Unschuld zurückzufallen?«

»Allerdings,« antwortete er; »das ist das letzte Kapitel von der Geschichte der Welt.« [33]

Zum Schluss noch einige Bilder - zur Übung ebenso wie zur Freude.

Das erste (Doppel-)Bild hat Peter Ebenhoch, ein befreundeter Künstler, gezeichnet. Auf meinen Wunsch hat er ein paar »Fehler« eingebaut: Die Objekte in den zwei Teilbildern sind nicht ganz identisch, was bei schielender Betrachtung bei normalsichtigen Menschen zu einem leichten Flimmern führt.

Die nachfolgenden zwei Bilder habe ich in einem Spiegelschrank aufgenommen. Es handelt sich dabei um einen 2 x 2 x 2 Meter großen Kasten, der innen rundum mit justierbaren Planspiegeln versehen ist, so dass ein in diesem Kasten sitzender Mensch sich in allen Richtungen unzählige Male widerspiegelt. Das ist eine sehr eindrucksvolle Erfahrung, die sich in Worten nicht adäquat beschreiben lässt. Wer jedoch die Bilder, genau wie ich es in den Übungen geschildert habe, aus einiger Entfernung schielend fusioniert, gewinnt einen kleinen Einblick in die Unendlichkeiten dieser Erfahrung.

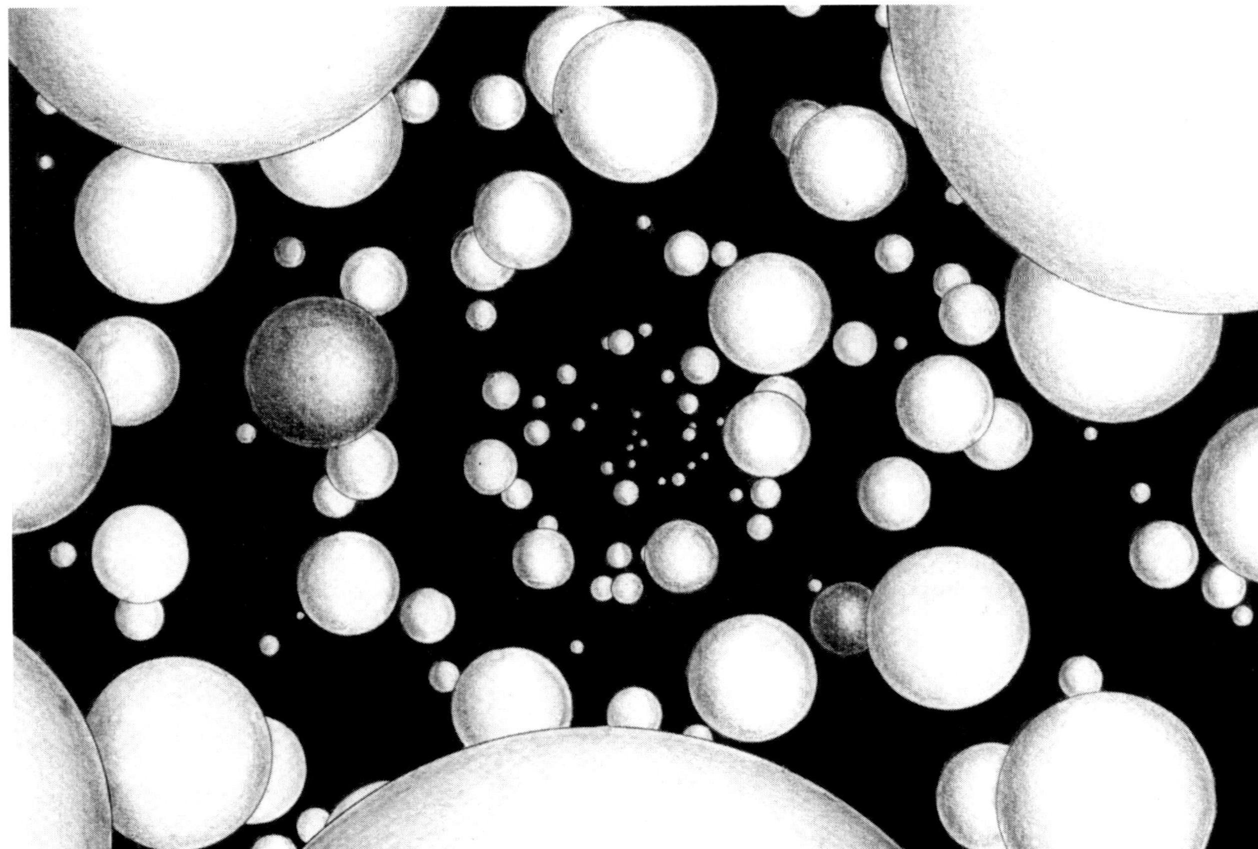

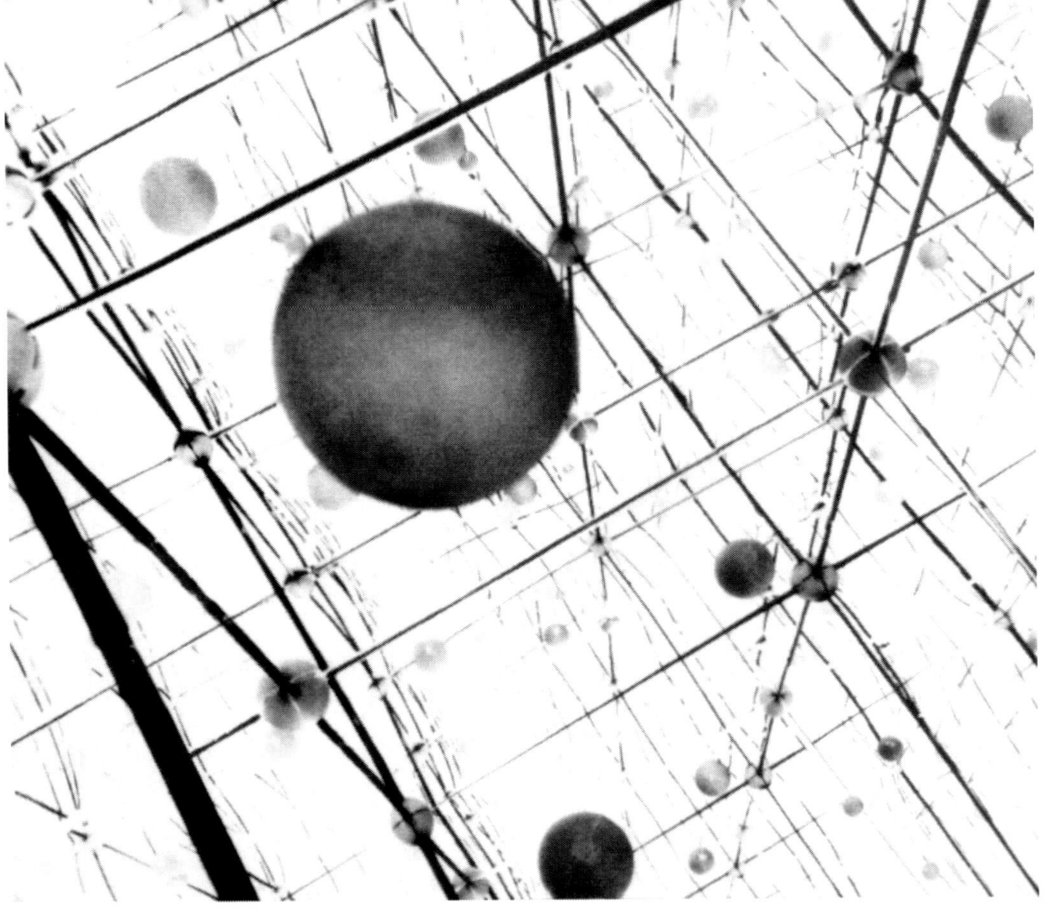

Anmerkungen

1 Feng/English, Lao Tse: Tao Te King, Irisiana 1978
2 Hermann Hesse, Das Glasperlenspiel. Frankfurt/M; Suhrkamp 1972, S. 127 f.
3 Genesis, 1. Buch Mose 2, 3, 4
4 Hermann Hesse, a.a.O., S. 566
5 Hermann Hesse, a.a.O., S. 567
6 Hermann Hesse, a.a.O., S. 43
7 Kaushitaki Upanishad 3.8 (gekürzt, Übertragung aus dem Englischen durch den Autor)
8 vgl. Mircea Eliade, Schamanismus und archaische Extasetechnik. Suhrkamp 1975
9 vgl. Michael Ende, Die Unendliche Geschichte. Stuttgart: K. Thienemanns Verlag 1979, S. 94ff.
10 aus: ZEN - Aussprüche und Verse der Zen-Meister, Insel Bücherei Nr. 798, S. 8ff
11 aus: Saichis Notizen, zit. aus: D.T. Suzuki, Der westliche und der östliche Weg. Ullstein 1971, S. 169
12 Henry Miller, Das Lächeln am Fuße der Leiter. Rowohlt Taschenbuch Verlag 1978, Epilog
13 aus dem Film „Matrix" (1999)
14 Carlos Castaneda, Reise nach Ixtlan. Fischer 1978, S. 188
15 Carlos Castaneda, Der Ring der Kraft. Fischer-Taschenbuch, S. 20
16 Joan Halifax, Die andere Wirklichkeit der Schamanen. O.W. Barth/Scherz 1981, S. 176 : Manuel Cordova-Rios über den alten Amahuaca-Häuptling Xumu.
17 Seng-Ts'an, zit. in: P. Hughes & G. Brecht, Die Scheinwelt des Paradoxons. Vieweg 1978, S. 107
18 Carlos Castaneda, Eine andere Wirklichkeit. Fischer-Taschenbuch 1975, S. 15

19 Lewis Caroll zit. aus: P. Hughes & G. Brecht, Die Scheinwelt des Paradoxons. Vieweg 1978, S. 83

20 Johann Wolfgang von Goethe, zit. aus: Hans Sedlmayr, Verlust der Mitte. Ullstein 1966,

21 William James, Die Vielfalt religiöser Erfahrung. Walter 1979, S. 36

22 Jean Passerat (1534-1602), zit. aus: P. Hughes & G. Brecht, Die Scheinwelt des Paradoxons. Vieweg 1978, S. 81. Im Französischen ist die gewollte Zweideutigkeit dieses Zitats noch klarer, da Substantiva klein geschrieben werden und „*rien*" sowohl „nichts" als auch „Nichts" bedeutet. Vgl. auch das „*Nada*" des Hl. Johannes vom Kreuz.

23 Antoine de Saint-Exupery, Der Kleine Prinz. Karl Rauch Verlag 1956

24 Lame Deer über sich selbst, zitiert aus: Joan Halifax, Die andere Wirklichkeit der Schamanen. O.W. Barth/Scherz 1981, S. 91

25 BI-YÄN-LU, Meister Yüan-wu's Niederschrift von der Smaragdenen Felswand, 2. Band. Carl Hanser Verlag 1971, S. 157

26 aus: Saichis Notizen, zit. aus: D.T. Suzuki, Der westliche und der östliche Weg. Ullstein 1971, S. 145

27 William H. Bates, Better Eyesight without Glasses. Holt, Hinehart & Winston 1940/1943

28 Hans Sedlmayr, Verlust der Mitte. Berlin: Ullstein 1966, S. 99

29 George Pennington, Die Tafeln von Chartres. Walter 1994

30 Pierre Derlon, Die Gärten der Einweihung. Sphinx 1978

31 Tagebuch des John Dee, aus: Gustav Meyrink, Der Engel vom westlichen Fenster. Langen-Müller 1975, S. 105f.

32 aus: The Supreme Teaching, Upanishads. Penguin Classics, S. 163 (Übertragung aus dem Amerikanischen durch den Autor)

33 Heinrich von Kleist, Über das Marionettentheater. Rowohlt Taschenbuch 1964, S. 11f.

Über den Autor

George Pennington, * in den USA, aufgewachsen in USA, Frankreich und Österreich, Studium in Heidelberg (Soz., Psych.), weitere Studien in London (Physiotherapie, Landwirtschaft). Seit 1977 lebt er in Bayern, wo er in Seminaren praxisnahe Psychologie und Meditation lehrt.

Von seinen Büchern war das *Kleine Handbuch für Glasperlenspieler* (Irisiana 1981) das erste. Es folgten: *Die Tafeln von Chartres* (Walter 1994/Patmos), *Das Taoistische Gebet* (Kösel 1995), *Vom Schielen und Schauen* (Haug 1995/Lenzwald), *Shadowrider - Field Notes of a Psychonaut* (Lenzwald 2013) und *Bewusst Leben - Psychologie für den Alltag* (Lenzwald 2014).

Der Autor 1981

2014